LIVRO DE EXU

O Mistério Revelado

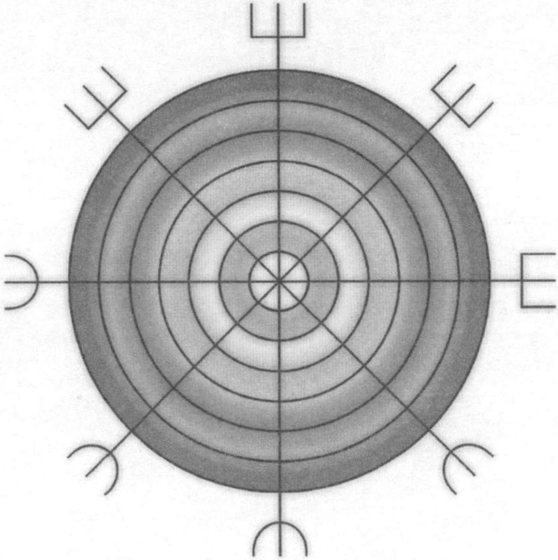

Rubens Saraceni

Obra mediúnica inspirada por
Mestre Seiman Hamiser yê

LIVRO DE EXU

O Mistério Revelado

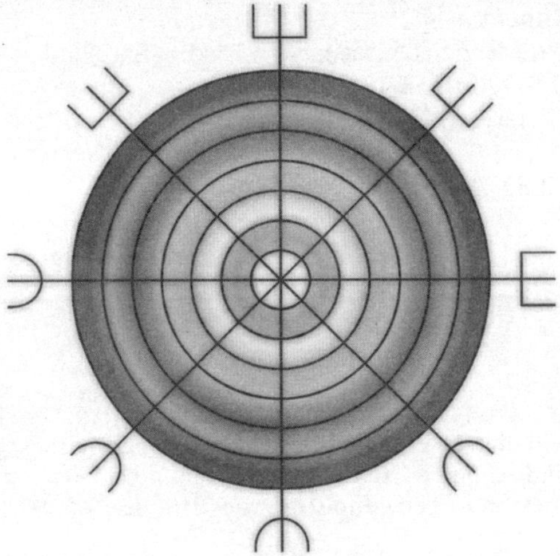

MADRAS®

Editor:
Wagner Veneziani Costa (*in memorian*)
Diagramação:
Madras Editora

Capa:
Equipe Técnica Madras

Revisão:
Edson Narvaes
Neuza Aparecida Rosa Alves
Arlete Genari

Dados Internacionais de Catalogação na Publicação (CIP)
(Câmara Brasileira do Livro, SP, Brasil)

Saraceni, Rubens
Livro de Exu / Rubens Saraceni. – 11. ed. – São Paulo : Madras, 2022.
ISBN 978-85-370-0354-1
1. Exu 2. Mistério 3. Umbanda (Culto)
I. Título.
08-04273 CDD-299.67
Índices para catálogo sistemático:
1. Exu : Teologia de Umbanda : Religiões de origem africana 299.67

MADRAS®

MADRAS EDITORA LTDA.
Rua Paulo Gonçalves, 88 – Santana
CEP: 02403-020 – São Paulo/SP
Caixa Postal: 12183 – CEP: 02013-970 – SP
Tel.: (11) 2281-5555 – Fax: (11) 2959-3090
www.madras.com.br

Para

Nelson Pires Filho

Presidente da Federação Espírita Guardiões da Luz

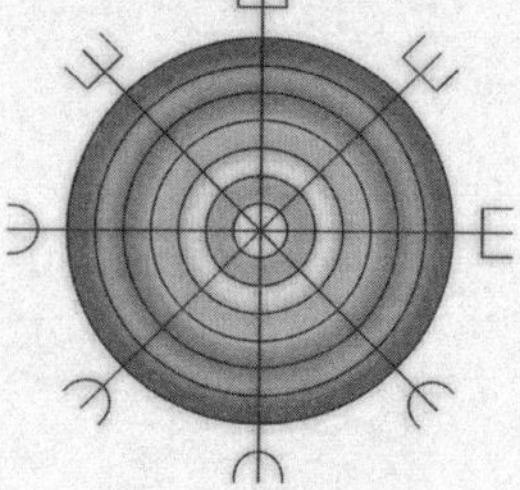

"O Mistério Revelado"

Este livro é parte da Teologia de Umbanda Sagrada. Portanto, deve ser lido com atenção e estudado com afinco pois, a partir do seu entendimento, o Mistério Exu assumirá seu verdadeiro lugar na criação divina e seu grau natural, tanto na magia quanto nas hierarquias cósmicas da Lei Maior, como regente dos carmas coletivos e individuais, os quais são trabalhados no plano material, onde são transmutados, esgotados ou anulados.

Mas nunca devemos esquecer de que muitos também estão iniciando novos carmas individuais ou coletivos. Logo, nem sempre os acontecimentos do dia a dia das pessoas, se são tormentosos, se devem a ecos de vidas passadas. Muitas vezes, deve-se à falta de equilíbrio nesta vida, mesmo.

Esta obra foi escrita com a permissão dos Tronos Mehór yê e Mahór yê, Guardiões Divinos dos Mistérios Exu e Pombagira.

Seiman Hamiser yê
(Ogum Megê "Sete Espadas")

Índice

Introdução

O Mistério Exu tem intrigado os estudiosos do Mistério Orixás porque Exu é colocado em oposição a eles e seu campo de ação e atuação é tão abrangente, que encontramos Exus de Ogum, de Xangô, de Oxalá, de Iemanjá, etc.

Que mistério é esse que transcende o campo de um orixá, já que Exu está em todos os campos de todos os orixás?

Como aquilatar o Mistério Exu, se todos os orixás têm seus Exus?

Nós respondemos: Exu é um mistério do nosso Divino Criador; portanto, possui uma faixa vibratória e um grau magnético só seu, pelos quais flui, irradia-se, atua e manifesta-se na vida dos seres.

Logo, o Mistério Exu não é maior ou menor nem superior ou inferior aos outros mistérios. Apenas é como é porque assim ele é.

– Exu, enquanto energia e magnetismo, é vitalizador e transformador;

– Exu, enquanto mistério da criação e agente da Lei Maior, é vitalizador ou desvitalizador dos sentidos capitais de um ser e atua como transformador de sua vida;

– Exu, enquanto elemento mágico "cósmico", só é ativado ou desativado se for devidamente pago com oferendas rituais simbólicas;

– Exu, enquanto elemento religioso, atua como esgotador de carmas individuais e como vitalizador ou esgotador da religiosidade das pessoas;

– Exu, enquanto mistério auxiliar do Mistério Orixás, lida com seus aspectos negativos naturalmente e os ativa ou desativa segundo as ações ou as reações de quem for alcançado por eles;

– Exu, enquanto "linha de esquerda" da Umbanda, incorpora nos seus médiuns e dá consultas gratuitas a quem se dispuser a falar com ele, aconselhando, **orientando,** defendendo, ajudando a superar suas dificuldades materiais ou espirituais, familiares ou de trabalho, etc., mas sempre a partir de sua visão cósmica das situações, de seu senso de oportunidade das situações, de seu senso de **oportunismo e** de seu entendimento pessoal de como deve **proceder para** responder a quem o solicitou;

– Exu escreve reto em linhas tortas; escreve torto em linhas retas e escreve torto em linhas tortas. Só não consegue escrever reto em linhas retas... porque tem "duas cabeças", sendo que uma é instintiva e a outra, emotiva; uma é movida por suas necessidades e a outra, por seus interesses.

As "duas cabeças" de Exu representam sua natureza dual, que ora o instiga a satisfazer suas necessidades, ora o induz a satisfazer as necessidades alheias. Por isso, se Exu for assentado na tronqueira de uma tenda, ele tem de ser servido e saudado ritualmente antes da abertura dos trabalhos;

– Exu é o mais humano dos mistérios de Umbanda, porque assimila tudo o que seu médium vibra em seu íntimo. E se assim é, é porque Exu é "especular" (semelhante a um espelho) e reflete em si a natureza emotiva do seu médium, por meio da qual ele se manifesta quando incorpora. Negativamente, temos:

Médiuns soberbos	Exus prepotentes
Médiuns tímidos	Exus circunspectos
Médiuns briguentos	Exus encrenqueiros
Médiuns chulos	Exus desbocados
Médiuns conquistadores	Exus galanteadores
Médiuns invejosos	Exus egoístas
Médiuns infiéis	Exus falsos
Médiuns mandões	Exus soberbos

Mas temos os Exus que refletem de forma especular o íntimo positivo dos seus médiuns:

Médium generoso	Exu prestativo
Médium bondoso	Exu discreto
Médium caridoso	Exu desinteressado
Médium compenetrado	Exu rigoroso
Médium fiel	Exu leal
Médium tenaz	Exu fiel
Médium trabalhador	Exu compenetrado
Médium demandador	Exu aguerrido
Médium estudioso	Exu sábio
Médium correto	Exu vigilante

Enfim, o Exu individual é um manifestador natural de um mistério da criação, mas que é "refletor especular" do íntimo e do emocional do seu médium.

E com o tempo, o próprio médium começa a refletir, também de forma especular, a natureza dual do seu Exu individual, fato esse que faz com que o médium comece a exteriorizar muitas das colocações do seu Exu, pois a simbiose é natural.

Por isso, insistimos em dizer que Exu é o mais humano dos mistérios da Umbanda ou é o mistério que mais se humanizou, pois Exu está à nossa esquerda enquanto manifestador de mistérios porque a dimensão natural de Exu fica à esquerda da dimensão humana, habitada pelos "espíritos". Exu é nosso instinto e nossa emoção, aos quais absorve, assimila, interpreta segundo seu entendimento e depois exterioriza quando incorpora em seus médiuns naturais.

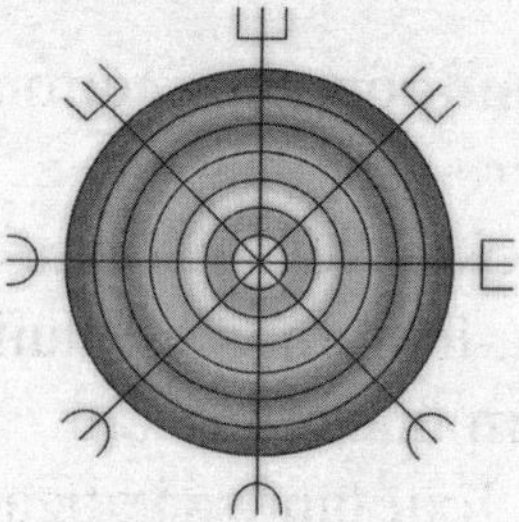

O Mistério Exu Segundo a Ciência Divina

O Mistério Exu foi humanizado na África e a divindade cósmica e dual Exu tem sido evocada há vários milênios, sempre segundo rituais seguidos à risca pelos seus sacerdotes (babalaôs, babalorixás e Ialorixás).

Exu é um mistério da criação e é regido pelo divino Mehór yê, que é um Trono Cósmico dual, polarizador natural da divina Mahór yê, que é o Trono Cósmico dual regente do Mistério "Pombagira".

Mehór yê rege sobre a vitalidade em seu aspecto geral e sobre o vigor sexual em seu aspecto particular.

Mahór yê rege sobre o desejo em seu aspecto geral e sobre o desejo sexual em seu aspecto particular.

Todo "Trono" carrega seu "cetro de poder", ou seu "cetro simbólico".

Ogum porta a sua espada; Xangô porta seu machado; Iansã porta seu..., Oxalá porta seu..., Yerlianjá porta seu..., Oxum porta seu..., Nanã Buruquê porta seu...

Já Exu "Natural" porta seu cetro simbólico, que é de formato fálico.

Exu Natural, no particular, rege sobre o vigor sexual e tanto pode vitalizá-lo como desvitalizá-lo. Por isso, seu cetro simbólico é um falo.

Mas, no geral, Exu tanto vitaliza quando desvitaliza todos os sete sentidos capitais de um ser .

Por que o cetro simbólico de Exu Natural (que nunca encarnou) é fálico?

Seu cetro simbólico está mostrando um dos seus campos naturais de atuação, que é a sexualidade, assim como está deixando patente que lida naturalmente com a energia vital gerada no aparelho genésico que, se quintessenciada, resulta no fluxo da energia kundalini, que é a responsável pela abertura de faculdades mentais superiores, capacitando as pessoas e dando-lhes condições de sustentarem operações mentais muito mais sutis e abrangentes.

Logo, como o falo é o símbolo mais marcante do vigor sexual, Exu tem nele seu "totem" ou cetro de poder. O Linghan Hindu é um símbolo de Exu e toda a sua **simbologia** nos revela que ele está na base da energia kundalini.

Os deuses fálicos de antigas civilizações nada mais eram que a humanização do mistério da criação que rege sobre a vitalidade dos seres. E na África, em algumas de suas "nações", Exu foi a divindade que chamou para si a "humanização" desse mistério da criação, mistério esse que tem numa das dimensões paralelas seus meios natural e gerador de magnetismo e energias, dimensão esta que vitaliza todas as outras dimensões planetárias, que retiram dela a quantidade exata de energias que precisam para vitalizar os seres que vivem nelas.

A dimensão natural de Exu fica à esquerda da dimensão humana e nela vivem trilhões de seres naturais que são geradores naturais dessa energia que vitaliza quem se aproxima deles.

Os médiuns incorporantes conhecem bem essa qualidade de Exu, pois ao incorporá-los, sentem-se vitalizados, fortes mesmo!

Essa vitalidade acontece em todos os sentidos, não só no sétimo sentido, sendo que, raramente, um médium tem sua sexualidade alterada em função da incorporação de Exu, pois a maior vitalização se dá no seu mental e no reequilíbrio do seu emocional, assim como no fortalecimento dos seus corpos físico e energético.

O fato é que a dimensão onde vive Exu Natural é um meio gerador de energias e magnetismo vitalizadores dos seres.

Mas, paradoxo dos paradoxos, se Exu Natural transpira vigor por todos os seus sentidos e não só por meio do sétimo, no entanto não vibra o "desejo". E por isso, Exu é limitado, pois enquanto irradiador natural da energia e do magnetismo vitalizador, não toma iniciativas próprias porque não gera o fator "desejo", fator esse cuja principal qualidade é a de estimular os seres a tomarem iniciativas por conta própria.

Por isso, Exu polariza com Pombagira e formam um par magnético e energético, indispensáveis um ao outro em vários aspectos.

Exu Natural projeta, com seu cetro simbólico, uma onda vibratória que alcança a dimensão natural onde vivem seres femininos que são geradores naturais de energia e magnetismo que despertam o desejo. E assim Exu é estimulado a tomar iniciativas. Já Pombagira Natural projeta, com seu cetro simbólico, uma onda que alcança a dimensão onde vive Exu e por meio dela absorve o fator vitalizador, com o qual fortalece seu mistério e sua capacidade de irradiar seu magnetismo e sua energia, estimuladores do desejo.

Exu e Pombagira são mistérios complementares e formam um par natural, assim como outros orixás se polarizam porque são complementares em vários campos, sentidos e aspectos.

Olorum, ao criar, criou tudo em partes que se completam, e também não deu a Exu ou a Pombagira a autossuficiência plena.

O que Olorum fez com tudo o que criou foi tornar todos dependentes, senão poderiam "endeusar-se", caso se vissem autossuficientes.

Com isso ressaltado, fica fácil entender que Exu só atua sobre alguém caso um "desejo", exterior a ele, o ative.

Exu não tem livre iniciativa, pois só reflete os desejos alheios, seja de seus médiuns, seja dos que o evocam ou oferendam.

A Dimensão Natural de Exu

A dimensão natural de Exu Natural (ser que nunca encarnou) é saturada de energia que vitaliza os seres. Seus habitantes naturais (os Exus) são geradores naturais (geram em si) de um tipo de energia que quando irradiada para alguém, vitaliza-o, fazendo com que se sinta forte e vigoroso, feliz mesmo!

Por isso Exu, quando incorpora em seu médium, gargalha à solta.

Exu Natural transpira essa alegria natural e até sorri com nossas tristezas e tormentos.

Exu Natural não conhece os sentimentos de tristeza, mágoa ou remorso, pois não os gera em si, mas tão somente de si.

Este "gerar de si", ocorre quando ele atinge outros seres com seu mistério em seu aspecto negativo, que é desvitalizador. Mas não os gera em si e não os vibra quando se manifesta em seus médiuns, aos quais ofende chamando-os de "burros", pois se não os gera em si, não entende as razões dos seus médiuns gerá-los em seus íntimos e exteriorizá-los em vários sentidos.

Logo, a dimensão natural de Exu desconhece a tristeza, a mágoa e o remorso.

E quando Exu é evocado para punir alguém, ele faz o seu trabalho muito bem-feito porque não sente remorso, mágoa ou tristeza ao ver que quem ele está punindo, está sofrendo.

Exu vê isso com bons olhos, pois sabe que, se não gera em si esses sentimentos, no entanto os gera de si (a partir de sua atuação) porque só assim a vida do ser atuado passará por uma transformação.

Por isso Exu é cósmico e é transformador... da vida alheia.

Os Exus Naturais são seres alegres, bem-humorados, pilhéricos e não se ofendem com facilidade.

Mas, se Exu não gera em si a tristeza, a mágoa e o remorso, no entanto gera a confusão mental, a distorção visual e a paralisia racional. E com isso pode, muito facilmente, tomar o errado pelo certo, o torto pelo reto, o mais fácil pelo mais correto e o mais prazeroso pelo mais racional. E sua visão das coisas pode sofrer distorções acentuadas, levando-o a voltar seu mistério punidor justamente contra quem o evocou, num retorno violento que pode arruinar a vida de quem o ativou magisticamente.

Quanto à paralisia racional que Exu gera em si, ela se torna muito perigosa para seus médiuns, caso eles vivam metendo-os em encrencas, pois se ele se ver muito encrencado, volta-se contra quem o encrencou (no caso, o seu próprio médium).

Exu Natural é muito interesseiro e gosta de bisbilhotar a vida alheia. E por isso ele é o recurso oracular dos jogadores de búzios, pois não tem o costume de guardar para si o que vê na vida dos outros; vai logo revelando o que está vendo, não se importando se o que está revelando vai ajudar ou atrapalhar quem o está consultando.

A dimensão onde vive Exu Natural reflete tudo o que acontece nas outras, pois é uma dimensão especular, e tudo é revelado porque Exu é oracular.

Logo, tudo o que acontece nas outras dimensões torna-se conhecido de Exu. Por isso, ele sabe de tudo sobre os médiuns e seus orixás, e vai logo apontando com quais eles estão em falta ou por quais estão sendo punidos.

Exu revela tudo, inclusive desgraças, mas não se envolve com nada se não for pago. Essa sua característica o tornou o recurso preferido dos orixás, os quais têm nele um mistério oracular neutro, mas que, tão logo revela algo, também se interessa pela resolução do que revelou, desde que seja oferendado.

Com isso, Exu tanto revela quanto soluciona, pois é um mistério em si mesmo que se torna muito ativo, caso se interesse pelas suas revelações.

Quem não conhece o Mistério Exu, até pode associá-lo aos entes infernais judaico-cristãos. Mas Exu é o oposto deles, que atuam movidos pela Lei ou por vingança, enquanto Exu, mesmo quando ativado pela Lei, requer todo um cerimonial diferenciado porque não se envolve com o carma de quem irá sofrer sua atuação, seja magística ou religiosa.

Exu, na magia, só responde quando evocado ritualisticamente, e se for oferendado. E ainda assim, caso seja descoberto, interrompe sua atuação e até pode virá-la contra quem o evocou e oferendou ritualmente.

Logo, Exu é um elemento mágico por excelência.

E quando é ativado pela Lei Maior (pelos Tronos Regentes), não é o "ser" Exu que é ativado, mas sim o "Mistério" Exu, é agente cármico e elemento mágico, mas não é um ente infernal tal como os descreve a teologia judaico-cristã, desconhecedora dos mistérios naturais (associados a elementos da Natureza).

A teologia judaico-cristã, toda ela mentalista, está fundamentada em conceitos abstratos de como é Deus, fato este que cria um hiato entre o Criador e Sua criação. Estudem a Bíblia e verão que ela está toda fundamentada em histórias e estórias humanas, em que seus profetas assumem uma importância muito grande e tudo o que disseram é seguido à risca pelos seus fiéis.

Com isso, as divindades dos povos antigos, inimigos dos judeus, assumiram a condição de entes infernais. Isso se deve ao simplismo com que associam seus inimigos encarnados aos seus demônios abstratos, que só existem nas suas mentes delirantes.

Tal como vimos líderes religiosos iranianos associarem um inimigo (os EUA) a satã, os antigos judeus também associavam os povos inimigos ou suas divindades a entes infernais. E o mesmo nós vemos acontecer aqui no Brasil, quando assistimos a tolos delirantes associarem orixás a entes trevosos criados por suas mentes distorcidas e delirantes.

Por causa de disputas políticas, comerciais e territoriais, as divindades dos povos filisteu, egípcio, assírio, caldeu, hitita, grego, romano, etc., foram todas descritas como entes infernais. Posteriormente no imaginário judaico, e mais tarde no imaginário cristão, essas divindades tornaram-se "demônios" assustadores que "devoravam" pessoas, ou as atormentavam durante o sono, já que tinham desde a mais tenra idade a psique povoada com espectros assustadores, cujos nomes ficavam gravados como "bichos-papões" que atormentavam aqueles que não se curvassem ante a casta religiosa estabelecida, ou não seguisse ao pé da letra seus dogmas doutrinários.

O inferno judaico-cristão é um caos, porque seus entes infernais são produtos de puro abstracionismo mental, já que é formado por divindades alheias, todas tachadas de demônios por seus idealizadores.

No universo religioso dos orixás, tudo é muito bem distribuído; tudo é descrito como aspectos do Divino Criador Olorum, e não existe esse inferno caótico. O que há são os polos negativos das irradiações divinas, aos quais são recolhidos todos os seres que regrediram espiritualmente, negativaram seu magnetismo mental ou bloquearam suas faculdades mentais.

Nesses polos negativos estão assentados os Tronos Cósmicos responsáveis pela aplicação dos aspectos negativos e punitivos dos orixás regentes das irradiações divinas.

Esses Tronos Cósmicos não são Exus, mas sim seres divinos assentados nos polos negativos, cujo magnetismo natural atrai todos os seres que se negativarem e desenvolverem magnetismos mentais análogos aos dos seus tronos energéticos, que são como ímãs seletivos.

– Temos Tronos Cósmicos que lidam com seres cuja religiosidade foi desvirtuada.

– Temos Tronos Cósmicos que lidam com seres que atentaram contra a vida de seus semelhantes, etc., mas eles não são Exus.

Uns são Tronos Cósmicos da Água, outros do Fogo, outros do Ar, outros da Terra, outros dos Minerais, outros dos Vegetais e outros dos Cristais, mas não são Exus.

Cada um desses Tronos "elementais", cósmicos e negativos, possui suas hierarquias, que se desdobram nos planos posteriores, tais como os duais, os encantados e os naturais.

– Os Tronos Cósmicos negativos elementais são de um só elemento, o qual tanto irradiam como absorvem.

– Os Tronos Cósmicos negativos duais são de dois elementos, os quais, em um são irradiantes e no outro são absorventes.

– Os Tronos Cósmicos negativos encantados são de três elementos, os quais, os dois primeiros eles amalgamam (fundem) e geram um terceiro, ao qual tanto irradiam quanto absorvem.

– Os Tronos Cósmicos negativos naturais são de todos os elementos, aos quais absorvem, mas que fundem em seus tronos energéticos e depois, numa irradiação única e poderosíssima, irradiam.

Mas não são Exus e nunca passaram pela dimensão natural onde Exu é o nome que damos aos seres que nela vivem, evoluem e atendem a uma vontade do Divino Criador Olorum.

Na dimensão natural de Exu não existem seres do fogo, da água, da terra, do ar, dos minerais, dos vegetais ou dos cristais, mas sim seres que geram em si o fator vitalizador e que desenvolvem certas faculdades: alguns se tornam vitalizadores do elemento ígneo, e daí surgem os Exus do Fogo; outros se tornam vitalizadores do elemento telúrico, e daí surgem os Exus da Terra; outros se tornam vitalizadores do cristal, e daí surgem os Exus dos Cristais; outros se tornam vitalizadores do elemento vegetal, e daí surgem os Exus Vegetais, ou das Matas; outros se tornam vitalizadores da água, e daí surgem os Exus da Água; outros se tornam vitalizadores do elemento eólico, e daí surgem os Exus do Ar.

Tal como acontece com os orixás, cujas hierarquias vão se desdobrando (em Ogum vão surgindo os Oguns da Terra, da Água, do Ar, etc.; e em Oxóssi vão surgindo os Oxóssis da Terra, da Água, do Ar, etc.; e assim por diante com todos os orixás, porque cada um é gerador natural de um fator), com Exu o mesmo acontece, porque o fator vitalizador é gerado naturalmente por Exu ... e só Exu.

Já um Trono Cósmico negativo da Água, por exemplo, gera apenas a parte negativa do fator aquático. E o mesmo acontece com os Tronos Cósmicos negativos dos outros elementos que, por não gerarem em si ou de si o fator vitalizador, não são Exus.

Assim, um Trono Cósmico negativo do elemento fogo é o que é: um ser que gera de si elemento fogo cósmico porque gera em si o fator ígneo.

Já Exu não gera de si o elemento fogo, porque não gera em si o fator ígneo. Mas Exu gera em si o fator vitalizador e, ao ir radiá-lo para os seres ígneos, vitaliza suas irradiações... ou as desvitaliza.

Então, fica entendido que Exu é um ser natural que gera em si o fator vitalizador, e que tanto pode vitalizar quanto desvitalizar os seres geradores naturais dos outros fatores.

"Exu não é eles, e eles não são Exus."

Mas, quem sabia disso, se antes esse conhecimento nunca havia sido aberto ao plano material humano pela Lei que rege os mistérios da criação?

Então, que todo o abstracionismo judaico-cristão, em grande parte absorvido pelo sincretismo da Umbanda, seja desculpado, pois nem os mais profundos conhecedores dos orixás sabiam disso, e também andaram associando Exu a entes infernais da Cabala judaica, num nefasto arroubo de pseudointelectualismo ou pseudossaber iniciático ou esotérico.

Porque Exu Natural é um ser alegre, descontraído, astuto, desconfiado e arisco, mas não é nenhum demônio judaico-cristão nem ente infernal das "cabalas" que pululam por aí.

Exu tem origem, meio e fim dentro da criação divina do Divino Criador. E seu fim não é habitar os infernos religiosos das muitas crenças ou crendices já semeadas na face da Terra por pseudos teólogos.

Na religião de Umbanda, Exu ocupa um lugar à esquerda dos médiuns e é o melhor intérprete das vontades maiores manifestadas pelos Senhores Orixás porque sua dimensão natural é "especular" e nela todas as outras se refletem.

Como Surgem as Linhagens de Exu

Exu é um mistério da criação e, como tal, gera em si e gera de si.

Gerar em si significa que ele gera um fator, um magnetismo, uma vibração, uma energia e uma onda eletromagnética só sua. Gerar de si significa que ele gera suas qualidades, seus atributos e atribuições, aos quais irradia o tempo todo e quem desejar possuí-los, basta absorvê-los para passar a tê-los em si.

Tal como Ogum gera em si a qualidade e o fator ordenador, com o qual magnetiza os seres gerados por Deus na sua onda viva divina ordenadora, qualificando-os e fatorando-os, a Divindade Exu gera a qualidade e o fator vitalizador, com os quais qualifica e fatora os seres gerados por Deus na sua onda viva divina vitalizadora.

Portanto, os seres que denominamos de "Exus Naturais" são gerados por Deus e são distinguidos desde sua geração com a qualidade e o fator vitalizador, aos quais geram e irradiam naturalmente, distinguindo-se dos seres Ogum, Oxóssi, Xangô, etc.

Então temos que:

– Ogum qualifica e fatora os seres naturais com sua qualidade e seu fator ordenador, tornando-os seres cuja natureza íntima é ordenadora e que são muito apegados aos procedimentos retos ou leais.

– Oxóssi qualifica e fatora os seres naturais com sua qualidade e seu fator expansor das faculdades ligadas ao conhecimento, tornando-os seres cuja natureza íntima é muito apegada às coisas do conhecimento.

E o mesmo acontece com todos os seres regidos pelos outros Orixás, assim como o mesmo acontece com a Divindade Exu, que qualifica e fatora os seres com sua qualidade e seu fator vitalizador, tornando-os seres cuja natureza íntima é vitalizadora, sendo muito apegados aos procedimentos vitais e transformadores.

Com tudo isso entendido e sabendo que Exu gera em si e de si, podemos explicar como ele gera suas linhagens ou hereditariedades. Como isso acontece?

Exu é em si uma qualidade e um fator cósmico do Divino Criador Olorum, que o gerou em Si e o tornou um dos Seus mistérios divinos cósmicos.

Logo, Exu também é uma divindade cósmica unigênita ou "única gerada", e é em si a divindade de Olorum que tanto gera em si quanto de si a Sua qualidade e o Seu fator vitalizador.

Com isso explicado, então está fundamentada a capacidade e a faculdade genésica de Exu: qualificar os seres gerados por Olorum na sua onda viva divina vitalizadora.

Então, se Exu dá qualidade aos seres gerados na onda viva divina vitalizadora, no entanto estes seres, todos denominados de "Exus", precisam ser qualificados.

Essa qualificação obedece a uma regra geral, e com isso uns são qualificados como vitalizadores da Ordem, outros são qualificados como vitalizadores da Fé, etc.

Pronto! Agora temos a chave para explicarmos cientificamente as linhagens ou hereditariedades de Exu.

Então, temos estas linhagens:

Exus do Tempo ou dos Cristais

Exus dos Minerais

Exus dos Vegetais

Exus do Fogo

Exus do Ar

Exus da Terra

Exus da Água

Recordando, temos isto:

Cristal > Fé > Religiosidade

Mineral > Amor > Concepção

Vegetal > Conhecimento > Expansão

Fogo > Justiça > Equilíbrio

Ar > Lei > Ordenação

Terra > Evolução > Transmutação

Água > Geração > Criatividade

Assim:

– Um Exu dos Cristais é um ser que, em sua geração, foi imantado com o fator vitalizador e tem nele sua qualidade original. E, posteriormente, foi qualificado pelo Trono Cristalino ou Trono da Fé com sua qualidade, seu magnetismo e mistério cristalizador, qualificando esse Exu como um ser vitalizador da religiosidade dos seres.

Daí surgem os Exus de Oxalá e de Logunãn, que são os Regentes da irradiação da Fé e da Religiosidade dos seres;

– Um Exu dos Minerais é um ser que, na sua origem, foi imantado com o fator vitalizador e tem nele sua qualidade original. E, posteriormente, foi qualificado pelo Trono Mineral ou Trono do Amor com sua dualidade, seu magnetismo e mistério agregador, qualificando esse Exu como um ser vitalizador da concepção dos seres. Daí surgem os Exus de Oxum e de Oxumaré, que são os Regentes da irradiação do Amor e da Concepção dos seres;

– Um Exu dos Vegetais é um ser que, na sua origem, foi imantado com o fator vitalizador e tem nele sua qualidade original. E, posteriormente, foi qualificado pelo Trono Vegetal ou Trono do Conhecimento com sua qualidade expansora dos magnetismos e mistério expansor do raciocínio, qualificando esse Exu como um vitalizador do raciocínio dos seres. Daí surgem os Exus de Oxóssi e de Obá, que são os Regentes da irradiação do Conhecimento e do Raciocínio dos seres;

– Um Exu do Fogo é um ser que, na sua origem, foi imantado com o fator vitalizador e tem nele a sua qualidade original. E, posteriormente, foi qualificado pelo Trono ígneo ou Trono da Justiça com sua qualidade, seu magnetismo e mistério equilibrador, qualificando esse Exu como um ser vitalizador da razão dos seres. Daí surgem os Exus de Xangô e de Oroiná, que são os Regentes da irradiação da Razão e do Equilíbrio dos seres;

– Um Exu do Ar é um ser que, na sua origem, foi imantado com o fator vitalizador e tem nele sua qualidade original. E, posteriormente, foi qualificado pelo Trono Eólico ou Trono da Lei com sua qualidade, seu magnetismo e mistério ordenador, qualificando esse Exu como um ser vitalizador do discernimento dos seres. Daí surgem os Exus de Ogum e de Iansã, que são os Regentes da irradiação da Lei, da Ordenação e do Direcionamento dos seres;

– Um Exu da Terra é um ser que, na sua origem, foi imantado com o fator vitalizador e tem nele sua qualidade original. E, posteriormente, foi qualificado pelo Trono Telúrico ou Trono da Evolução e da Transmutação com sua qualidade, seu magnetismo e mistério, qualificando esse Exu como um ser vitalizador da evolução dos seres. Daí surgem os Exus de Obaluaiê e de Nanã Buruquê, que são os Regentes da irradiação da Evolução e da Transmutação dos seres;

– Um Exu da Água é um ser que, na sua origem, foi imantado pelo fator vitalizador e tem nele sua qualidade original. E, posteriormente, foi qualificado pelo Trono Aquático ou Trono da Geração com sua qualidade, seu magnetismo e mistério geracionista e criativista, qualificando esse Exu como um ser vitalizador da geração e da criatividade dos seres. Daí surgem os Exus de Iemanjá e de Omolu, que são os Regentes da irradiação da Geração e da Criatividade dos seres.

Eis aí o surgimento das linhagens de Exus dos orixás, identificados pelas suas qualidades que, nos Exus, tornam-se seus atributos. Assim, se a qualidade de todo Exu é a vitalidade, seus atributos dependem do fator, do magnetismo e da qualidade dos orixás que o qualificaram.

Com isso, agora temos elementos para entender quando um Exu Natural se identificar como Exu desse ou daquele orixá.

Se um Exu disser que é o Exu de Ogum, é porque este o qualificou com sua qualidade, seu magnetismo e mistério ordenador e ele atua regido pela Lei Maior, que o ativa sempre que precisa que ele vitalize ou desvitalize alguém que está contrariando os princípios e os ditames da Lei Maior. E o mesmo acontece com todos os outros Exus dos outros orixás.

Esses Exus são classificados como "Exus Puros" ou "Exus dos Orixás", pois só existem sete linhagens deles, que são os Exus Guardiões dos Orixás Planetários, ou Tronos Regentes das irradiações divinas emanadas por Olorum, o nosso Divino Criador.

Essas sete linhagens de Exus são puras por causa dos fatores dos orixás que os qualificaram e abriram seus domínios para que neles eles atuassem como vitalizadores ou desvitalizadores dos seres sob sua regência.

Assim, um Exu dos Cristais vitaliza ou desvitaliza a religiosidade dos seres regidos pelo Trono da Fé e pelos regentes das suas duas linhagens ou hereditariedades. Assim, Oxalá rege, classifica e magnetiza os seres machos denominados "filhos de Oxalá", e Logunãn rege, classifica e magnetiza os seres fêmeas denominados "filhas de Logunãn".

O mesmo se repete com os outros Tronos e as duas linhagens (macho e fêmea) que classificam.

Assim sendo, temos isto:

– Todo filho de Oxalá e toda filha de Logunãn têm na sua esquerda natural um Exu Guardião dos Cristais, da Fé ou da Religiosidade, cujo mistério vitalizador ou desvitalizador atua, preferencialmente, nos aspectos da fé dos seres, sejam eles filhos de Oxalá e de Logunãn, ou não.

– Todo filho de Oxumaré e toda filha de Oxum têm na sua esquerda natural um Exu Guardião dos Minerais, do Amor e da Concepção, cujo mistério vitalizador ou desvitalizador atua, preferencialmente, nos aspectos do amor e da concepção dos seres, sejam eles filhos de Oxumaré e de Oxum, ou não.

Para não nos alongarmos, resumiremos assim:

– Todo filho de Oxóssi e toda filha de Obá têm na sua esquerda natural um Exu Guardião dos Vegetais, do Conhecimento e do Raciocínio.

– Todo filho de Xangô e toda filha de Oroiná têm na sua esquerda natural um Exu Guardião do Fogo, da Justiça e da Razão.

– Todo filho de Ogum e toda filha de Iansã têm na sua esquerda natural um Exu Guardião do Ar, da Lei e da Ordenação.

– Todo filho de Obaluaiê e toda filha de Nanã Buruquê têm na sua esquerda natural um Exu Guardião da Terra, da Evolução e da Transmutação.

– Toda filha de Iemanjá e todo filho de Omolu têm na sua esquerda natural um Exu Guardião da Água, da Geração e da Criatividade.

Esses sete Exus Guardiões são Tronos Cósmicos assentados na dimensão natural onde vivem os seres Exus, e eles dão origem a sete linhagens e sete hierarquias de Exus Guardiões Naturais da esquerda dos seres que vivem nas outras dimensões planetárias, inclusive a dimensão humana, habitada pelos espíritos.

Portanto, independentemente da religião ou da raça das pessoas, todos têm um Exu Guardião natural na sua esquerda, que tanto atua como vitalizador quanto como desvitalizador no sentido em que predomina o orixá Ancestral de cada um. Esse Exu Guardião natural não depende de nada ou de ninguém, senão do orixá Ancestral para atuar como vitalizador ou desvitalizador da pessoa cuja esquerda guarda naturalmente.

Esses Exus Guardiões Naturais da esquerda dos seres são os agentes cármicos naturais dos seres, sempre que estes se desvirtuam em algum dos sete sentidos da Vida. Eles atuam de maneira imperceptível e só os "guias de Lei" conseguem detectar sua atuação na vida dos seres ou das pessoas que frequentam os centros de Umbanda Sagrada.

Eles são imperceptíveis aos espíritos que ainda não alcançaram o graus, que até os possibilita ver as ondas vibratórias projetadas por eles. Essas ondas tanto podem estar vitalizando como desvitalizando as pessoas cuja guarda natural lhes pertence, ou aquelas que estão sofrendo suas atuações, mas nada podem fazer porque são atuações regidas pela Lei Maior e fogem de seus campos de ação religiosa ou magística. A única coisa que podem fazer é reajustar o íntimo e a religiosidade de quem sofrer esse tipo de atuação.

Já os "guias de Lei", que estão assentados junto aos Senhores Orixás, podem acessar mentalmente esses Exus Guardiões Naturais e alterar ou até anular suas atuações, pois a partir dali assumem a condução das pessoas ou dos espíritos que os procuraram.

Mas esses guias de Lei raramente incorporam em médiuns.

Então, como só revelar esse mistério não ajuda muito, nós vamos dar aqui sete tipos de oferendas rituais a esses sete Exus Guardiões Naturais dos seres e que, se feitas corretamente com fé e confiança, poderão ajudar no reequilíbrio mental, emocional e físico de quem estiver sendo atuado. Saibam que o próprio ato de oferendar é salutar, porque a pessoa, ao oferendar, já se predispõe a um reajustamento íntimo, pois se sente vulnerável e exposta ao sobrenatural ou ao desconhecido.

Vamos às oferendas rituais, que também servem como reajustadoras cármicas de quem as realizar:

Oferenda ao Senhor Exu Guardião dos Cristais

1º Acender sete velas bicolores preta e branca e dispô-las em círculos, em um campo aberto.

2º Colocar, dentro do círculo de velas, sete limões partidos em quatro partes, mas não separadas.

3º Partir um abacaxi verde em sete rodelas com a casca e colocá-las dentro do círculo de velas.

Após isso, evoca-se o Senhor Exu Guardião dos Cristais desta forma:

"Senhor Exu Guardião dos Cristais, mistério natural que lida com os aspectos religiosos do divino Trono da Fé e dos Senhores Orixás Oxalá e Logunãn, eu o evoco, saúdo e reverencio por meio desta oferenda ritual. E peço que cesse sua atuação negativa e desvitalizadora do meu sentido da Fé e de minha religiosidade, assim como, que faça cessar todas as atuações negativas originadas em função de minhas falhas, meus erros e pecados. Também vos peço que passe a atuar no sentido de ajudar-me na retificação deles e no meu reajustamento íntimo e equilíbrio mental, emocional e físico, pois só assim retomarei à linha reta e cristalina da minha evolução espiritual.

Salve, Senhor Exu Guardião dos Cristais!

Peço sua licença para me retirar, confiante de que serei auxiliado pelo Senhor e por todos os membros de sua hierarquia natural".

Após dizer tudo isso, dar sete passos para trás com os olhos voltados para o solo, sendo que o primeiro passo deve ser dado com o pé esquerdo, e quando der o sétimo passo, deve virar-se e ir embora sem olhar para trás. Não deve se passar pelo local antes de sete dias, pois nesse período estará acontecendo a atuação reajustadora e cármica do Senhor Exu Guardião dos Cristais, da fé e da religiosidade dos seres.

Oferenda Ritual ao Senhor Exu Guardião dos Minerais

1º Acender e firmar sete velas brancas, sete velas pretas e sete velas vermelhas, amarradas três a três, sendo uma de cada cor e dispostas em um círculo, próximo de uma cachoeira.

2º Colocar dentro de um alguidar de barro um coração de boi e, em volta dele, sete maçãs verdes partidas ao meio.

3º Derramar do lado de fora do círculo de velas uma garrafa de pinga e outra de champanhe rosé.

Após isso, evoca-se o Senhor Exu Guardião dos Minerais desta forma:

"Senhor Exu Guardião dos Minerais, mistério natural que lida com os aspectos negativos do Trono do Amor e dos Orixás Oxum e Oxumaré, eu o evoco, saúdo e reverencio por meio dessa oferenda ritual. E peço que cesse sua atuação negativa, desvitalizadora e punitiva do meu sentido do amor, da concepção e da agregação, assim como, que faça cessar todas as atuações negativas originadas em função de minhas falhas, meus erros e pecados cometidos por mim nesse sentido da Vida. Também vos peço que passe a atuar no sentido de ajudar-me a retificá-los e a reajustar-me intimamente, assim como, ajude-me no meu reequilíbrio mental, emocional e físico, pois só assim retomarei à linha reta e mineral de minha evolução espiritual.

Salve, Senhor Exu Guardião dos Minerais!

Peço sua licença para me retirar, confiante de que serei auxiliado pelo Senhor e por todos os membros de sua hierarquia natural".

A seguir, retirar-se dando sete passos para trás, começando com o pé esquerdo...

Oferenda ao Senhor Exu Guardião dos Vegetais

1º Acender sete velas pretas, sete velas verde-escuras e sete velas brancas, dispostas num triângulo cujo vértice, invertido, fique de frente para a pessoa que estiver firmando-as. Nesse vértice, coloca-se as sete velas pretas amarradas com uma fita vermelha; no vértice superior à esquerda, firma-se as sete velas verdes amarradas com uma fita preta; e no vértice à direita, firma-se as sete velas brancas amarradas com uma fita verde-escuro. Essa oferenda deve ser feita nas matas.

2º Colocar no centro do triângulo de velas um mamão macho verde aberto ao meio.

3º Colocar em volta do mamão sete cubos de carne bovina.

4º Derramar metade de uma garrafa de pinga em volta do triângulo e depois colocá-la na frente das velas pretas, dentro dele.

Após isso, evocar o Senhor Exu Guardião dos Vegetais desta forma:

"Senhor Exu Guardião dos Vegetais, mistério natural que lida com os aspectos negativos do Trono do Conhecimento e dos Orixás Oxóssi e Obá, eu o evoco, saúdo e reverencio por meio desta oferenda ritual e peço que cesse sua ação negativa desvitalizadora e punitiva do meu sentido do conhecimento, do raciocínio e do aprendizado, assim como, que faça cessar todas as atuações negativas originadas em função de minhas falhas, meus erros e pecados cometidos por mim nesse sentido da Vida. Também vos peço que passe a atuar no sentido de ajudar-me a retificá-los e a reajustar-me intimamente, e também, ajude-me no meu reequilíbrio mental, emocional e físico, pois só assim retomarei à linha reta de minha evolução espiritual.

Salve, Senhor Exu Guardião dos Vegetais!

Peço sua licença para me retirar, confiante de que serei auxiliado pelo Senhor e por todos os membros de sua hierarquia natural".

A seguir, retirar-se dando sete passos para trás, começando com o pé esquerdo...

Oferenda ao Senhor Exu Guardião do Fogo

1º Acender sete velas vermelhas e sete velas pretas e distribuí-las em um círculo, de tal forma que fiquem intercaladas. Essa oferenda deve ser feita em uma pedreira.

2º Colocar quarenta e nove corações de ave (frango ou galinha) em sete pratos, sendo sete corações em cada um.

3º Colocar sete pimentas em cada um dos pratos (de papelão, plástico ou alguidar de barro).

4º Derramar em volta do círculo de velas um pouco de vinho tinto seco, e o resto da garrafa deve ser colocado no centro dos sete pratos com os corações de ave e as pimentas.

Após isso, evocar o Senhor Exu Guardião do Fogo desta forma:

"Senhor Exu Guardião do Fogo, mistério natural que lida com os aspectos negativos do Trono da Justiça e dos Orixás Xangô e Oroiná, eu evoco, saúdo e reverencio por meio desta oferenda ritual e peço que cesse sua ação negativa desvitalizadora e punitiva do meu sentido da justiça, do equilíbrio e da razão, assim como, que faça cessar todas as atuações negativas originadas em função de meus erros, falhas e pecados cometidos por mim nesse sentido da Vida. Também vos peço que passe a atuar no sentido de ajudar-me a retificá-los e a reajustar-me intimamente, e também, ajude-me no meu reequilíbrio mental, emocional e físico, pois só assim retomarei à linha reta ígnea da minha evolução espiritual.

Salve, Senhor Exu Guardião do Fogo!

Peço sua licença para me retirar, confiante de que serei auxiliado pelo Senhor e por todos os membros de sua hierarquia natural".

A seguir, retirar-se dando sete passos para trás, começando com o pé esquerdo...

Oferenda ao Senhor Exu Guardião da Terra

1º Acender e firmar sete velas brancas e sete velas pretas em círculo, intercaladas. Essa oferenda deve ser feita em um solo arenoso.

2º Colocar no centro do círculo de velas, um alguidar de barro com um pedaço de carne de porco.

3º Abrir uma garrafa de pinga e contornar com ela o círculo de velas, depositando o resto ao lado do alguidar.

4º Acender sete charutos e dispô-los dentro do círculo.

Após isso, evocar o Senhor Exu Guardião da Terra desta forma:

"Senhor Exu Guardião da Terra, mistério que lida com os aspectos negativos do Trono da Evolução e dos Orixás Obaluaiê e Nanã Buruquê, eu o evoco, saúdo e reverencio por meio desta oferenda ritual e peço que cesse sua ação negativa desvitalizadora e punitiva do meu sentido da evolução, da transmutação e do saber, assim como, que faça cessar todas as atuações negativas originadas em função dos meus erros, falhas e pecados cometidos por mim nesse sentido da Vida. Também vos peço que passe a atuar no sentido de ajudar-me a retificá-los e reajustar-me intimamente, e também, ajude-me no meu reequilíbrio mental, emocional e físico, pois só assim retomarei à linha reta telúrica da minha evolução espiritual.

Salve, Senhor Exu Guardião da Terra!

Peço sua licença para me retirar, confiante de que serei auxiliado pelo Senhor e por todos os membros de sua hierarquia natural".

A seguir, retirar-se dando sete passos para trás, começando com o pé esquerdo...

Oferenda ao Senhor Exu Guardião da Água

1º Acender sete velas pretas, sete velas vermelhas e sete velas brancas, e firmá-las desta forma:

a) círculo interno, feito com as velas pretas, acesas.

b) círculo por fora do primeiro círculo, feito com as velas vermelhas, acesas.

c) círculo feito com as velas brancas acesas, circundando os outros dois, internos.

Essa oferenda deve ser feita à beira d'água (rio, lago, mar).

2º Colocar no centro dos círculos de velas um alguidar com dois testículos de boi e um pedaço de fígado, também de boi.

3º Acender sete charutos e colocá-los ao redor do alguidar.

4º Abrir uma garrafa de pinga e derramá-la ao redor dos círculos de velas.

5º Abrir uma champanhe rosé e colocá-la ao lado do alguidar dentro dos círculos.

Após isso, evocar o Senhor Exu Guardião da Água desta forma:

"Senhor Exu Guardião da Água, mistério que lida com os aspectos negativos do Trono da Geração e da Criatividade e dos Orixás Iemanjá e Omolu, eu o evoco, saúdo e reverencio e peço que cesse sua atuação negativa desvitalizadora e punitiva do meu sentido da geração, da criatividade e da sexualidade, assim como, que faça cessar todas as atuações negativas originadas em função dos erros, falhas e pecados cometidos por mim nesse sentido da Vida. Também vos peço que passe a atuar no sentido de ajudar-me a retificá-los e reajustar-me intimamente, e também, ajude-me no meu reequilíbrio mental, emocional e físico, pois só assim retomarei à linha reta aquática da minha evolução espiritual.

Salve, Senhor Exu Guardião da Água!

Peço a sua licença para me retirar, confiante de que serei auxiliado pelo Senhor e por todos os membros de sua hierarquia natural".

A seguir, retirar-se dando sete passos para trás, começando com o pé esquerdo...

Oferenda ao Senhor Exu Guardião do Ar

1º Firmar sete velas pretas, sete azul-escuras e sete brancas, acesas, formando um triângulo com o vértice voltado para baixo, no qual devem ser firmadas as sete velas pretas. Já no vértice superior à direita, firmam-se as sete velas brancas. No vértice superior esquerdo, firmam-se as sete velas azulescuras. Essa oferenda deve ser feita em um campo aberto da natureza.

2º Colocar no centro do triângulo de velas um alguidar com um pedaço de carne bovina e cobri-lo com pimentas vermelhas ardidas.

3º Colocar três charutos acesos dentro do triângulo.

4º Abrir uma garrafa de pinga e derramar um pouco, em cruz, na ponta de cada vértice do triângulo, colocando dentro dele a garrafa com o que sobrar.

Após isso, evocar o Senhor Exu Guardião do Ar desta forma:

"Senhor Exu Guardião do Ar, mistério que lida com os aspectos negativos do Trono da Lei, da Ordem e da Retidão, e dos Orixás Ogum e Iansã, eu o evoco, saúdo e reverencio e peço que cesse sua atuação negativa desvitalizadora e punitiva do meu sentido da lei e da ordem, assim como que faça cessar todas as atuações negativas originadas em função dos erros, falhas e pecados cometidos por mim nesse sentido da Vida. Também vos peço que passe a atuar no sentido de ajudar-me a retificá-los e reajustar-me intimamente, e também, ajude-me no meu reequilíbrio mental, emocional e físico, pois só assim retomarei à linha reta da lei em minha evolução espiritual.

Salve, Senhor Exu Guardião do Ar!

Peço sua licença para me retirar, confiante de que serei auxiliado pelo Senhor e por todos os membros de sua hierarquia natural.

A seguir, retirar-se dando sete passos para trás, começando com o pé esquerdo...

Observem que as palavras a serem pronunciadas nas sete evocações são as mesmas, assim como os procedimentos, só mudando no nome dos Tronos, o nome dos Orixás, dos Exus evocados e dos elementos usados. Se isso é assim, é porque estarão sendo evocados Exus Guardiões assentados em níveis vibratórios e em irradiações específicas.

Caso venha a oferendá-los, recomendamos que, antes de sair de casa, firme um triângulo de velas brancas aos orixás, e no centro dele firme outra vela branca para seu anjo protetor, pedindo-lhe amparo, proteção e guia durante a feitura dessas oferendas. E caso tenha um local onde firmar sua esquerda, que o faça também.

Após uma dessas oferendas a um desses Senhores Exus Guardiões dos Senhores Orixás Ancestrais, ele realmente começará a atendê-los e, imperceptivelmente, muitos conceitos errôneos arraigados em suas mentes e consciências serão depurados e surgirão oportunidades para que conceitos novos e retos sejam assimilados por vocês.

Saibam também que esses sete Exus Guardiões não se prestam a trabalhos de quimbanda, trabalhos corriqueiros ou de magia negra.

E quem ousar evocá-los para prejudicar seu semelhante, certamente sofrerá uma atuação tão intensa, que será todo desvitalizado e negativado, já que eles não se prestam a esses trabalhos.

Portanto, observe bem sua finalidade enquanto Exus Guardiões dos Orixás Ancestrais ou Tronos Divinos: vitalizar ou desvitalizar os seres por intermédio dos sentidos, aos quais eles acessam projetando suas ondas eletromagnéticas.

Esses Exus Guardiões lidam com os aspectos negativos e punitivos dos Senhores Orixás, sempre regidos pela Lei Maior, e não se prestam a trabalhos de magia.

Por isso, se oferendados corretamente, atuarão de forma imperceptível, mas muito profunda, capaz de alterar a psique e o emocional das pessoas.

– O Exu Guardião dos Cristais atua por meio do chacra coronário, ao qual ele acessa pela parte posterior da cabeça.

– O Exu Guardião dos Minerais atua por meio do chacra cardíaco, ao qual ele acessa pelo peito.

– O Exu Guardião dos Vegetais atua por meio do chacra frontal, ao qual ele acessa pela testa.

– O Exu Guardião do Fogo atua por meio do chacra solar, ao qual ele acessa pelo umbigo.

– O Exu Guardião do Ar atua por meio do chacra laríngeo, ao qual ele acessa pela garganta.

– O Exu Guardião da Terra atua por meio do chacra esplênico, ao qual ele acessa pelo pâncreas.

– O Exu Guardião da Água atua por meio do chacra básico.

Suas ondas vibratórias são elementais e ligam-se ao corpo elemental básico dos seres, vitalizando-o ou desvitalizando-o.

As suas ondas têm estas formas:

Estes Exus podem ser oferendados nesses locais:

EXU GUARDIÃO DOS CRISTAIS

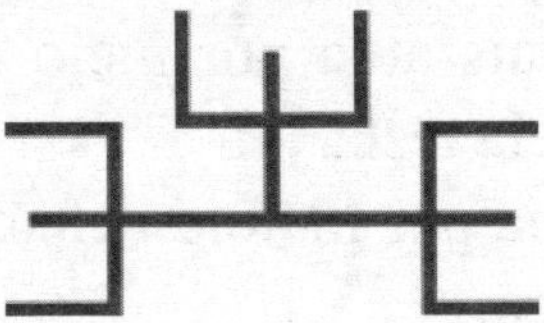

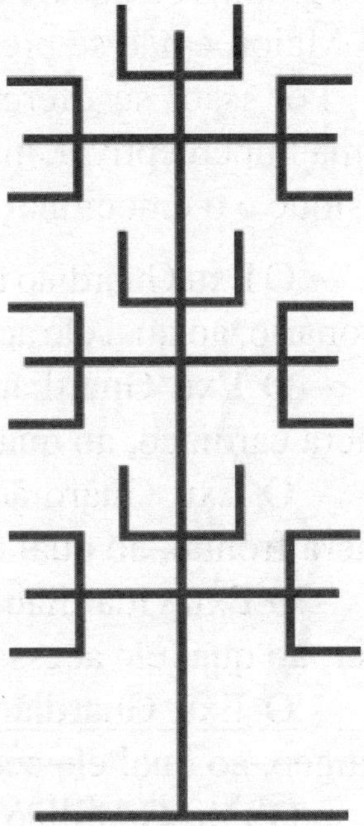

EXU GUARDIÃO DOS MINERAIS

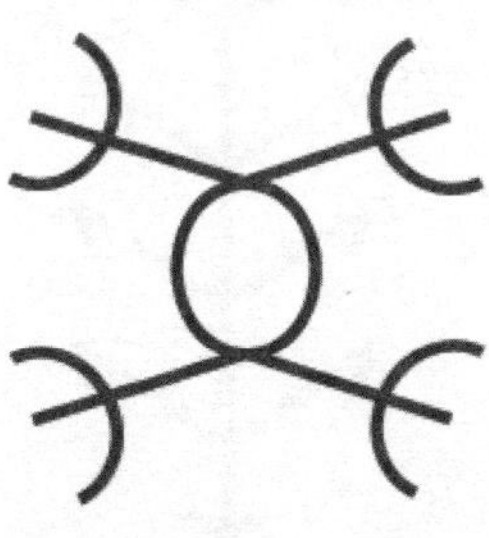

EXU GUARDIÃO DOS VEGETAIS

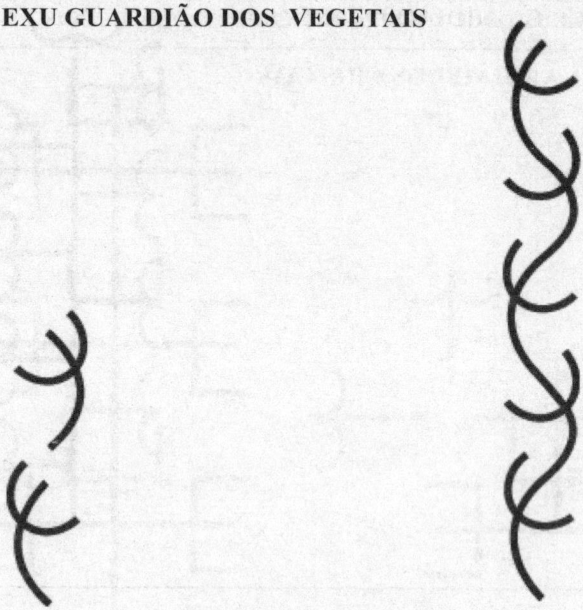

EXU GUARDIÃO DO FOGO

EXU GUARDIÃO DO AR

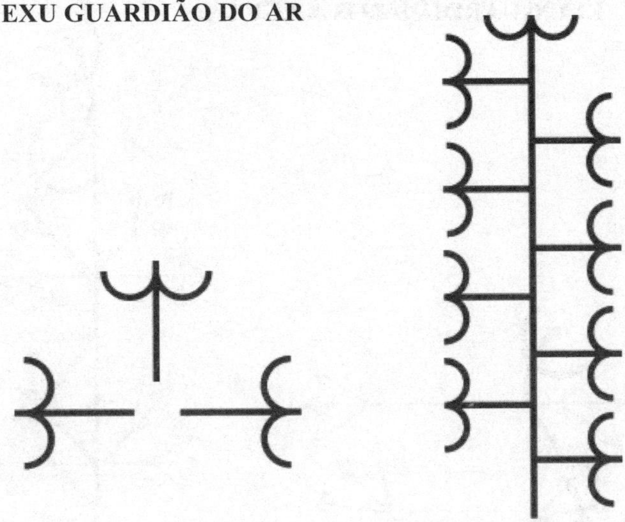

EXU GUARDIÃO D A TERRA

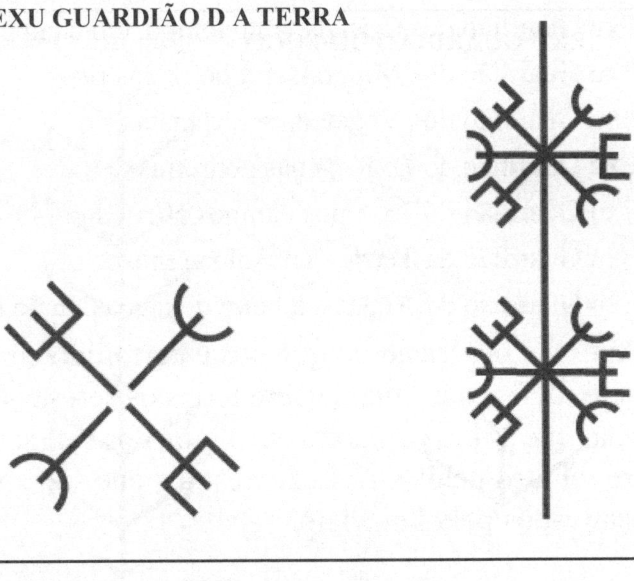

EXU GUARDIÃO D A ÁGUA

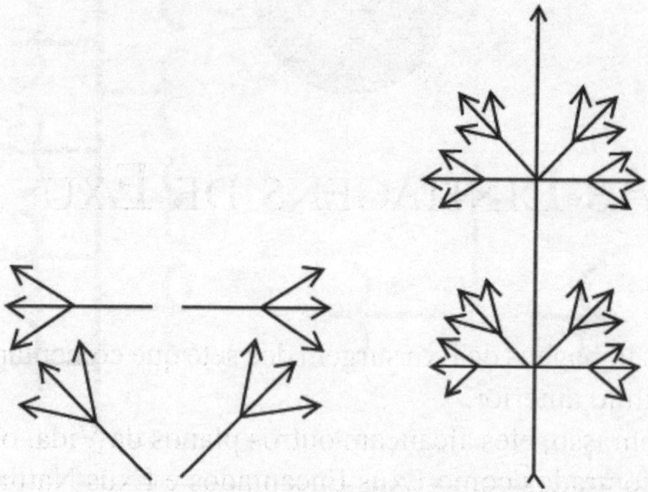

Exu Guardião dos Cristais > no tempo, em campo aberto
Exu Guardião dos Minerais > à beira dos rios
Exu Guardião dos Vegetais > nas matas
Exu Guardião do Fogo > nas pedreiras
Exu Guardião do Ar > nos campos abertos
Exu Guardião da Terra > em solo arenoso
Exu Guardião da Água > à beira de lagoas ou do mar

Aí está a descrição do que nos é permitido comentar a respeito deles, que atuam sobre todos os seres, espíritos e pessoas que se desvirtuarem em algum dos sete sentidos, sempre regidos pelos Orixás Ancestrais que são ativados ou desativados pela Lei Maior.

As Linhagens de Exu

As linhagens de Exu surgem dos sete que comentamos no capítulo anterior.

Com isso, eles alcançam outros planos da Vida, onde são encontrados como Exus Encantados e Exus Naturais, sempre à esquerda dos orixás, com os quais volta e meia se antagonizam, pois exigem primazia, fato esse que os leva a tentarem tomar a frente dos seus médiuns aqui no plano material, só se aquietando quando são devidamente oferendados, identificados e assentados à esquerda deles.

Mas quanto aos que não têm médiuns porque não foram integrados à esquerda "humana", eles procuram aproximar-se dos orixás, aos quais oferecem-se como servidores com seus mistérios vitalizadores-desvitalizadores irradiadores naturais dos mistérios de um dos sete Exus Guardiões Naturais citados no capítulo anterior. E com isso vão evoluindo, pois são aceitos e assentados à esquerda deles, de onde os servem daí em diante.

E um Exu Encantado, após ser assentado à esquerda natural de um orixá Natural, imediatamente acolhe em seu novo domínio tantos Exus Encantados ainda "disponíveis", que forma uma verdadeira legião de auxiliares fidelíssimos e que o servirão com uma lealdade a toda prova, pois sabem que se o líder cair, cairão junto, mas se subir, subirão junto como manifestadores naturais do mistério que o líder começou a irradiar assim que foi assentado.

Para eles isso é muito importante porque começam a absorver novos fatores. Com o tempo, isso os distinguirá dos que não foram assentados e não desenvolveram novos campos de ação e atuação.

Isso explica porque todo orixá "Individual" de um médium, seja da Umbanda ou do Candomblé, possui seu Exu, ao qual deve assentar no plano material e em sua "tronqueira".

Assim procedendo, os Exus Encantados desenvolvem linhagens de Exus, todos manifestadores de um mesmo mistério, absorvido no novo campo de ação e reação.

Essas linhagens são tão antigas que ninguém pode afirmar quando se iniciaram. Mesmo nas hierarquias divinas, à exceção dos orixás assentados nos tronos regentes dos níveis vibratórios, a evolução é permanente e os orixás individuais, ou não, alcançam o grau de "naturais" e levam consigo "seus" Exus ao novo plano da Vida.

Em função dessas linhagens é que a Umbanda tem na sua "esquerda" tantas linhas de Exus, todos atendendo com nomes simbolizadores dos mistérios que já desenvolveram em si e que os manifestam a partir de si quando atendem a uma evocação mágica ou religiosa.

– Evocação mágica é aquela em que Exu é evocado no ponto de força natural onde deve ser oferendado;

– Evocação religiosa é aquela em que Exu é firmado e evocado em sua tronqueira ou assentamento, feito do lado de fora do templo, mas com a função de guardar seu espaço exterior, assim como a de vigiar as manifestações que acontecem durante os trabalhos espirituais realizados em nome dos orixás.

Saibam que toda evocação realizada dentro dos templos são evocações religiosas. Já as realizadas nos pontos de forças e com finalidades específicas são evocações mágicas.

São mágicas porque a pessoa é que tem de ir até Exu e ativá-lo; se não, ele não responderá aos pedidos feitos a ele mentalmente.

Agora, se os Exus dos médiuns têm pressa em ser firmados em sua "casa" ou tronqueira, é porque a partir daí poderão atuar religiosamente na vida das pessoas que o evocarem ou o consultarem por meio dos seus médiuns.

Saibam também que há diferenças entre essas duas evocações: na evocação mágica, Exu fará exatamente o que lhe ordenarem; na evocação religiosa, Exu só fará o que quem o convocou for merecedor.

Sim, na magia Exu tem liberdade de atuar segundo seus princípios. Já na religião, Exu é regido por princípios religiosos rigorosíssimos que, caso forem afrontados, levará ao tormento quem os afrontar.

Em si, Exu gera a confusão, a qual usa para confundir as pessoas às quais está atormentando.

Alguns mistérios negativos geram a ilusão, outros geram a ambição, outros geram o desejo, etc.

Enfim, cada mistério gera em si uma irradiação e uma energia que alcançam as pessoas que entrarem em sintonia vibratória com ele.

Assim, se alguém começa a vibrar a ambição, logo entrará em sintonia vibratória mental com o mistério negativo que gera uma irradiação energética bem específica e que só é captada e absorvida por quem estiver alimentando com intensidade esse sentimento classificado como negativo pela Lei Maior.

Saibam que a função dos mistérios é responder com suas irradiações energéticas a quem sintonizá-los mentalmente, movidos por seus sentimentos íntimos.

O fato é que Exu, que é um dos mistérios da criação e do Criador, foi gerado por Deus quando tudo Ele gerou. Em função disso, não tem um começo no tempo, já que é em si um princípio negativo. Assim, Exu já desenvolveu tantas linhagens quanto são os mistérios da criação.

É por isso, também, que temos Exus de Ogum, de Oxóssi, de Xangô, de Iansã, de Omolu, de Iemanjá, de Oxum, de Obá, de Obaluaiê, de Oxumaré, de Oroiná, de Logunãn, de Nanã Buruquê e de Oxalá.

Os Exus desses orixás desenvolveram em si a capacidade mental, magnética, vibratória e energética de vitalizarem ou desvitalizarem os mistérios deles (dos orixás) manifestados pelos espíritos.

Sim, se um ser que é "filho de Oxalá" traz em si desde sua origem a faculdade natural de manifestar os mistérios da Fé, no entanto a ele se contrapõe um Exu que tanto pode vitalizar essa sua faculdade ou dom como pode desvitalizá-la e torná-lo neutro ou apático nesse sentido da Vida.

Essa é a principal função do Mistério Exu no conjunto da criação divina. E se Deus criou Exu, não o fez desconectado do resto da criação porque lhe deu uma função fundamental que é a de interferir com seu mistério onde houver excesso ou falta de vitalidade, seja em nível individual ou coletivo, seja em nível de faixa vibratória ou mesmo de toda uma dimensão da Vida.

É por isso que Exu tem ojeriza ao epíteto de "demônio".

Exu não é o demônio, ou o diabo, ou o capeta, mas é tão somente um mistério natural porque gera em si e irradia de si o fator vitalizador da criação divina.

Para que tenham uma noção exata da grandeza do mistério Exu, saibam que quando ele atua em nível dimensional, é capaz de vitalizar ou desvitalizar o mistério de uma divindade, seja ela qual for, à exceção do divino Trono das Sete Encruzilhadas, que é em si o mental divino que dá sustentação a tudo o que aqui existe, inclusive a Exu. Logo, é dele que Exu absorve o fator vitalizador que sustenta sua evolução planetária.

Sim, o divino Trono das Sete Encruzilhadas é uma individualização do próprio Divino Criador, que individualizou-se em um dos Seus Tronos Cristalinos Fatorais (um Oxalá Fatoral) e por meio do qual deu origem ao nosso planeta e a tudo o que aqui existe. Portanto, se Exu planetário (o mistério vitalizador em si mesmo) existe, quem lhe deu existência em nível planetário e multidimensional e deu-lhe poder para vitalizar ou desvitalizar as espécies, as criaturas, os seres e mesmo os processos e os mistérios, foi o nosso divino Trono das Sete Encruzilhadas, que é um Trono Cristalino Fatoral.

É por isso que o Exu do orixá Oxalá é das "Sete Encruzilhadas".

O divino Trono das Sete Encruzilhadas também individualizou-se nos seus sete Tronos auxiliares, que são os sete Tronos Essenciais ou Orixás Ancestrais.

Quando ele se individualizou em Ogum, a cada nível vibratório por onde o mistério Ogum manifestou-se, foram surgindo Oguns sétuplos, tais como:

Ogum Sete Lanças
Ogum Sete Espadas
Ogum Sete Correntes
Ogum Sete Escudos
Ogum Sete Coroas
Ogum Sete Ondas
Ogum Sete Raios

E cada um desses Oguns abriu em seu mistério ordenador sétuplo um campo para que Exu atuasse com seu mistério e pudesse vitalizar ou desvitalizar os seres regidos por eles, pois são Tronos ordenadores da evolução dos seres, mas que também qualificam os seres estacionados nos seus campos de ação com as qualidades dos seus mistérios.

Então surgem, aí, as linhagens dos:

Exus Sete Lanças
Exus Sete Espadas
Exus Sete Escudos
Exus Sete Coroas
Exus Sete Ondas
Exus Sete Raios

E o mesmo acontece com todos os outros orixás porque em cada um deles, o nosso divino Trono das Sete Encruzilhadas individualizou-se, pois só assim eles adquiriram a faculdade de irradiarem- se de forma sétupla, repetindo-o e multiplicando-o nos níveis vibratórios onde seus manifestadores estão assentados, regendo a evolução dos seres, das criaturas e das espécies.

Exu é indissociável da criação divina, pois é parte dela e é em si a própria vitalidade criadora de Deus. Logo, é em si a vitalidade criadora de Deus individualizada no seu Mistério Exu.

Concluindo, dizemos que o Trono Cósmico Exu é uma divindade unigênita de Deus porque é em si a qualidade vitalizadora ou desvitalizadora d'Ele, porque Exu é dual em tudo o que realiza.

E Exu atua em todas as dimensões da Vida e em todos os seus níveis vibratórios, sejam eles irradiantes ou absorventes, positivos ou negativos, luminosos ou monocromáticos, porque é em si o mistério dual que tanto vitaliza como desvitaliza tudo o que Deus criou ou gerou.

Por isso Exu gera de si suas linhagens de:

Exus de Oxalá

Exus de Logunãn

Exus de Oxum

Exus de Oxumaré

Exus de Oxóssi

Exus de Obá

Exus de Xangô

Exus de Oroiná
Exus de Ogum
Exus de Iansã
Exus de Obaluaiê
Exus de Nanã Buruquê
Exus de Iemanjá
Exus de Omolu

Essas são as quatorze linhagens naturais de Exu, as quais se multiplicam no sexto plano da Vida ou estágio natural da evolução dos seres das criaturas e das espécies.

Então vemos baixar e incorporar nos seus médiuns tantos Exus que até temos dificuldades para interpretarmos corretamente seus nomes simbólicos. Muitos se referem a mistérios naturais que ainda não foram "humanizados" ou já foram há tanto tempo que ninguém mais se lembra deles e cujas chaves interpretativas já se perderam no tempo ou foram recolhidas pela Lei Maior porque lhes deram um mau uso, tanto no campo magístico quanto no campo religioso.

E isso sem levarem em conta a infinidade de seres naturais e de seres humanos (espíritos) que se "exunizaram".

Sim, tanto os seres naturais quanto os espíritos podem absorver o Mistério de Exu e adquirirem a faculdade vitalizadora ou desvitalizadora que nos seres Exu é uma faculdade natural.

Saibam que, se um ser natural Exu pode desenvolver em si a capacidade de vitalizar ou desvitalizar a faculdade ordenadora dos seres naturais Ogum, estes também podem desenvolver a capacidade de ordenar ou desordenar a faculdade vitalizadora ou desvitalizadora dos seres naturais Exu.

A recíproca se aplica a toda a criação divina, porque só assim o equilíbrio na criação é mantido.

Por isso, os seres humanos ou "espíritos" podem "exunizar-se" ou desenvolver a capacidade de manifestarem o mistério dual de Exu.

Nós mesmos já escrevemos a história de vários "Exus", que na verdade são espíritos que exunizaram-se, ou são de Exus que espiritualizaram-se após encarnarem e meterem-se em "confusões" humanas ou de confundirem-se durante suas humanizações.

Perguntem aos Exus de trabalho dos médiuns de Umbanda e, com certeza, eles revelarão que já viveram no plano material como pessoas, algumas bem conhecidas porque têm seus nomes nos livros de história.

Estes, se são Exus, no entanto nunca deixarão de ser espíritos... que se exunizaram e desenvolveram a capacidade mental de irradiarem o mistério dual de Exu Natural, que é vitalizador ou desvitalizador dos mistérios alheios ou da vida de outros seres.

O Exu Natural Individual dos Médiuns

Todas as pessoas têm à sua esquerda um Exu Natural que atua no sentido de vitalizá-las, se estiverem evoluindo de forma reta ou virtuosa, ou de desvitalizá-las, caso deem um rumo torto ou viciado às suas evoluções.

Essa atuação independe das pessoas, porque é uma imposição da Lei Maior que ordena a evolução da humanidade como um todo. Então, quando uma pessoa se desvirtua ou pende para a esquerda, logo começa a ser atuada pelo mistério Exu Natural que, dependendo do caso, pode atuar a partir de espíritos "exunizados" ou ainda em processo de exunização (os tais quiumbas).

Sim, os tão controvertidos e tão mal-explicados quiumbas são espíritos (Eguns) em processo de exunização, que estão sendo envolvidos pelo Mistério Natural Exu, que vai atraindo-os e redirecionando-os.

Esse Exu Natural individual raramente entra na vida das pessoas, porque geralmente atua por "pessoas" interpostas e que reconduzirão seus pares humanos à linha evolutiva reta.

E quando se é médium, esse Exu Natural atua por trás do Exu de trabalho do médium, evitando se mostrar ou se revelar, resguardando-se de possíveis choques, provocados pelos próprios médiuns.

Esses Exus Naturais individuais têm correlação direta com o orixá de frente ou regente da atual encarnação das pessoas. Logo, se o orixá de frente é Ogum, o Exu Natural individual da pessoa é um Exu de Ogum e sua identificação é possível se a pessoa for médium, pois quando seu Ogum se identificar, automaticamente o Exu Natural individual estará revelado, ainda que não se mostre e deixe que o Exu de trabalho assuma a frente nas manifestações da sua esquerda.

Saibam que o Exu de trabalho é aquele que incorpora sempre que se abrem engiras de esquerda para atendimento às pessoas que frequentam as tendas de Umbanda.

Os Exus de trabalho têm correlação com os orixás ajuntós ou juntós, que são os orixás equilibradores dos orixás de frente.

Os orixás de frente atuam para abrir as faculdades mentais das pessoas, enquanto os orixás ajuntós atuam para refrearem os instintos dos médiuns, apassivando seus emocionais. É justamente por meio dessa atuação refreadora e apassivadora dos orixás ajuntós que entram na vida dos médiuns os seus Exus de trabalhos espirituais.

Já os Exus Guardiões têm correlação direta com os Orixás Ancestrais e raramente incorporam nos médiuns cujas guardas lhes foram confiadas.

Então temos:

– Exu Natural individual

– Exu de trabalhos espirituais ou Exu de Lei

– Exu Guardião

– Exu Natural correlaciona-se com o orixá de frente.

– Exu de trabalho correlaciona-se com o orixá ajuntó.

– Exu Guardião correlaciona-se com o orixá ancestral.

Pelo menos esses três tipos de Exus todo médium possui.

Já as pessoas comuns (não médiuns) têm apenas um Exu Natural individual, ao qual não é possível identificar porque eles não se mostram e quando estão atuando nos seus pares humanos, fazem-no por meio de quiumbas ou de pessoas interpostas.

– Os quiumbas desvitalizarão e confundirão.

– As pessoas orientarão e redirecionarão.

Com isso, os Exus Naturais individuais não se expõem e não se envolvem diretamente com seus pares humanos naturais.

Os Exus de Trabalhos Espirituais

Só pessoas que são médiuns têm essa classe de Exus, também conhecidos como Exus de Lei, pois servem à Lei de Umbanda e são regidos por princípios religiosos rigorosíssimos.

Sim, essa classe de Exu não atua como as outras duas, a dos Exus Naturais e a dos Exus Guardiões, porque sua manifestação limita-se à incorporação mediúnica e seus campos de atuação, se são mais amplos, no entanto são mais "arriscados" porque eles, por serem de "Lei" entram nos carmas das pessoas que os consultam ou que os oferendam nos seus pontos de forças pedindo ajuda para superarem suas dificuldades, sejam elas materiais ou espirituais.

Por serem Exus de Lei, tanto atuam religiosamente quanto magisticamente. Mas, se no campo religioso atuam diretamente, no campo magístico atuam por interposições, ou seja, orientam as pessoas a oferendarem os Exus das "linhas" onde estão desequilibradas ou pelas quais foram alcançadas assim que se desvirtuaram em algum dos sentidos da Vida.

Então é comum alguém consultar um Exu e este recomendar ao consulente que oferende um Exu de outra linha, o qual irá ajudá-lo.

E se assim é, é porque os Exus de Lei identificam o Exu Natural individual do consulente atuado, assim como identificam os quiumbas que estão desvitalizando-os e as pessoas interpostas que estão vitalizando-os e redirecionando-os. E identificam até mesmo se a pessoa está sofrendo uma atuação magística negativa intensa (demanda) ativada por algum adversário encarnado.

Então os Exus de trabalhos espirituais ou Exus de Lei ordenam a quem os consulta que realize certas oferendas, pois só assim determinados processos serão desacelerados ou anulados, permitindo que a pessoa se recupere tanto material quanto espiritualmente.

Esses Exus atendem por nomes simbólicos que mantêm correlação com os mistérios de Umbanda, já que só os Exus Guardiões mantêm correlação com os mistérios planetários.

Então temos:

Exus Espada ou Sete Espadas
Exus Caveira ou Sete Caveiras
Exus Porteira ou Sete Porteiras
Exus Cruzeiro ou Sete Cruzeiros
Exus Capa Preta ou Sete Capas Pretas
Exus dos Raios ou Sete Raios
Exus das Encruzilhadas ou Sete Encruzilhadas
Exus Coroa ou Sete Coroas, etc.

São tantos os nomes simbólicos, que listá-los seria impossível, tantas são as linhagens que existem. E cada uma relacionada com um mistério.

Os Exus de trabalhos espirituais que se apresentam com nomes não simbólicos, tais como Marabô, Carangola, Tiriri, Cobra, Lúcifer, Ferrabrás, etc., são Exus manifestadores de mistérios correlacionados com os tronos cósmicos negativos que regem sobre os aspectos reativos dos Sete Tronos de Deus ou Sete Orixás Naturais.

Muitos não são Exus Naturais. São, seres naturais que se sentiram atraídos pelos aspectos reativos dos Sete Tronos de Deus e foram possuídos pelos seus mistérios e aspectos reativos.

Mas, porque esses mistérios reativos são acessados mentalmente, e porque o negativismo mental dos seres os ligam a eles, pouco a pouco os seres vão sendo atraídos pelo magnetismo desses mistérios e quando menos esperam, são possuídos por eles. A partir daí, começam a desenvolvê-los em si mesmos e, posteriormente, passam a manifestá-los de si.

Então a Lei Maior, na sua magnanimidade divina, abriu-lhes o Mistério Exu e assim eles, que só atuavam de baixo para cima, podem atuar a partir da esquerda das pessoas.

Se a Lei Maior lhes concedeu essa oportunidade de manifestarem-se religiosamente é porque, na verdade, ninguém se perde de fato, mas tão somente sofre quedas ou retrocessos momentâneos. E por intermédio da esquerda e do Mistério Exu esses seres retornam ao meio espiritual, mas regidos pelos rigorosos e implacáveis ditames da Lei de Umbanda.

Para que entendam o que estamos revelando, saibam que um Exu Cobra é um ser natural "Oxumaré", que sofreu uma queda e uma regressão.

– Um Exu Marabô é um ser natural "Oxóssi", que sofreu uma queda ou uma regressão;

– Um Exu Lúcifer é um ser natural "Oxalá", que sofreu uma queda ou uma regressão;

– Um Exu Tiriri é um ser natural "Ogum", que sofreu uma queda ou uma regressão;

– Um Exu Ferrabrás é um ser natural "Xangô", que sofreu uma queda ou uma regressão.

Enfim, muitos dos nomes não simbólicos de Exus de trabalhos não relacionados com os elementos ou com os símbolos dos orixás. Não são Exus naturais, mas sim seres naturais que caíram vibratoriamente ou sofreram regressões, quando então adquiriram a faculdade mental de manifestarem de si mesmos os aspectos reativos dos Sete Tronos de Deus, pois os desenvolveram em si e tornaram-se seus irradiadores naturais. Por meio do Mistério Exu eles voltam à esquerda das pessoas às quais, se não tivessem caído e regredido, estariam atuando a partir da direita, já que eram seus pares naturais à direita.

Mas a Lei Maior não deixa ninguém para trás e Exu abre seu mistério para acolhê-los, permitindo assim que voltem para junto dos seus afins, aos quais guardarão a partir da esquerda.

Saibam que a esquerda das pessoas é exclusiva de Exu Natural. E, se ele a abre para os que foram atraídos pelos Tronos Cósmicos negativos que se polarizam com os Orixás Naturais, Exu só o faz porque, já que eram os pares à direita das pessoas relacionadas a eles, só assim elas evoluirão e seus pares Exus Naturais voltarão a atuar, ainda que por meio de mistérios interpostos entre eles e seus pares humanos.

Saibam que Exu Natural não gosta de incorporar e prefere atuar por intermédio de espíritos exunizados ou de seres naturais caídos, aos quais acolhe e usa para se manifestarem na vida dos seus pares humanos ou pares naturais.

Se Exu Natural age assim, é para não desenvolver em si os sentimentos que são gerados pelos outros seres.

Nós, os espíritos, geramos a tristeza, a mágoa, o remorso, o ódio, a ira, a inveja, a cobiça, a ambição, a soberba, a gula, o egoísmo, a avareza, o sensualismo, a luxúria, a falsidade, a covardia, etc., que são os aspectos negativos humanos.

E, se um Exu Natural incorporar muitas vezes nos seus pares naturais humanos que são médiuns, começa a gerar em si esses sentimentos, e logo cai e regride, porque o Mistério Exu não os gera em si mas tão somente de si.

– Gerar em si significa gerá-los em seu íntimo e irradiar energias relacionadas a esses sentimentos negativos;

– Gerar de si significa despertá-los no íntimo dos outros, pois assim os desvitaliza e os paralisa, e mesmo, os lança em quedas vibratórias e regressões mentais.

Então Exu Natural confia a incorporação a espíritos "enxunizados" com o grau de Exus de Lei, ou a confia a seres naturais caídos, também "exunizados" e que atuam como mistérios interpostos. Com isso, Exu não gera em si os aspectos negativos dos seres humanos ou dos seres naturais negativados por causa de quedas vibratórias e regressões mentais que anularam neles a capacidade de gerarem em si os mistérios dos orixás que os qualificaram em suas origens e os distinguiram com qualidades originais.

O Simbolismo das Linhagens de Exu

Nós já revelamos que o Mistério Exu dá origem a sete linhagens fundamentais e que são:

Exus dos Cristais

Exus dos Minerais

Exus dos Vegetais

Exu do Fogo

Exu do Ar

Exu da Terra

Exu da Água

Esses Exus são vitalizadores ou desvitalizadores dos mistérios maiores, pois são os sete Exus planetários e multidimensionais.

E cada um desses Exus desenvolveu sua linhagem e seu mistério, tornando-se mais e mais abrangente e localizado em faixas de atuação específicas.

Com isso, em nível de plano natural e de religião de Umbanda, eis que surgem as linhas de Exus de Lei ou de trabalhos espirituais, todas identificadas por nomes simbólicos e que identificam os mistérios em cujas "esquerdas" Exu assentou-se e a partir de onde desenvolveu novas linhagens naturais.

Então, para interpretarmos corretamente os nomes simbólicos das muitas linhagens de Exu, temos de recorrer ao processo analógico, pois só pela analogia chegaremos a bom termo na leitura de seus nomes.

Vamos a um exemplo:

Exu Corta-Fogo:

Exu = fator vitalizador
Corta = apaga = espada = Ogum
Fogo = elemento de Xangô
Xangô = justiça
Justiça = equilíbrio
Equilíbrio = razão

Então podemos interpretar o nome desse Exu do seguinte modo:

Os Exus Corta-Fogo são uma classe de Exus de Ogum, que desenvolveram a capacidade de desvitalizar os seres naturais do fogo que entraram em desequilíbrio vibratório, magnético e energético e estão caindo ou regredindo mentalmente, deixando de se guiarem pela razão e se deixando levar pela emoção.

Viram como o nome simbólico de uma das linhagens de Exu, se interpretado corretamente, mostra claramente com qual mistério ela lida e qual é sua atribuição dentro do seu campo de atuação?

Agora, quando esses Exus atuam religiosamente, eles agem por meio do racional das pessoas, ora vitalizando-o, ora desvitalizando-o.

E se atuam magisticamente, então desvitalizam o "fogo íntimo" das pessoas, apatizando-as no sentido em que estão se desequilibrando ou se desvirtuando.

Eles podem desvitalizar a chama da fé, se a pessoa estiver fanatizada;

Podem apagar a chama do amor, se a pessoa estiver apassionada;

Podem apagar a chama do conhecimento, se a pessoa estiver iludida;

Podem apagar a chama da razão, se a pessoa estiver irada;

Podem apagar a chama da lei, se a pessoa estiver enganada;

Podem apagar a chama do saber, se a pessoa estiver assoberbada;

Podem apagar a chama do sexo, se a pessoa estiver sensualizada, etc.

Bem, vamos interpretar o nome simbólico de outra linhagem de Exu:

Exu Sete Porteiras

Exu = fator vitalizador
Sete = sete irradiações
Sete irradiações = Trono das Sete Encruzilhadas
Porteira = passagens
Passagens = níveis vibratórios
Níveis vibratórios = evolução
Evolução = Obaluaiê

Os Exus Sete Porteiras são uma classe de Exus do divino Trono das Sete Encruzilhadas, que desenvolveram a capacidade de abrirem ou fecharem as passagens dos níveis vibratórios que são regidos pelo orixá Obaluaiê com Nanã Buruquê, a evolução dos seres.

Assim, esses Exus Sete Porteiras atuam nas sete irradiações, pois foram qualificados pelo Trono das Sete Encruzilhadas e atuam nas passagens (as porteiras) como seus guardiões, porque Obaluaiê (Trono da Evolução) abriu-lhes sua esquerda, onde se assentaram naturalmente e de onde vitalizam os seres que estão evoluindo de forma reta e virtuosa e desvitalizam os seres que estão evoluindo de forma torta e viciada.

Eles tanto abrem as passagens (as porteiras) para quem está subindo ou evoluindo como para quem está descendo ou regredindo.

Vamos ao nome simbólico de outra linhagem de Exu.

Exu das Sete Pedras:

Exu = fator vitalizador
Sete = as sete irradiações
Pedra = mineral ou cristal
Mineral = Oxum = fator agregador
Fator agregador = concepção
Concepção = nova vida ou nova consciência
Cristal = Oxalá = fator congregador
Fator congregador = Fé = religiosidade

Assim, todo Exu Sete Pedras atua como vitalizador ou desvitalizador nas sete irradiações, pois as "Sete Pedras" também podem ser os sete "Otás" ou os sete assentamentos dos Sete Tronos de Deus.

Como assentamento é sinônimo de firmeza, e firmeza é sinônimo de agregação mental de um ser, então todo Exu Sete Pedras tanto pode vitalizar a mente e a consciência de alguém como pode desvitalizá-las, lançando-o em um profundo desequilíbrio mental e consciencial.

Mas, como Oxum rege sobre a concepção da vida com seu fator mineral e Oxalá rege sobre a fé com seu fator cristalino, esses Exus são ativados naturalmente pela Lei Maior para desvitalizarem quem está afrontando a concepção religiosa ou "coisas da Fé" ou quem está aprisionando as "coisas da Concepção".

Agora, no campo da magia, a atuação deles é fulminante porque, ao desvitalizarem o magnetismo mental dos sentidos da Fé e do Amor, imediatamente a pessoa atuada começa a perder sua fé e a sentir-se vazia. Além do que, suas ondas vibratórias conduzem energias que vão "petrificando" o ser, tornando-o "pesado".

Vamos a outra linhagem de Exu.

Exu do Lodo:

Exu = fator vitalizador
Lodo = pântano = lama = água e terra
Água e terra = Nanã Buruquê
Nanã Buruquê = fator evolutivo
Fator evolutivo = transmutador

Então, Exu do Lodo atua como vitalizador ou desvitalizador da evolução dos seres.

Logo, ele tanto pode elevar como afundar alguém no "poço" que cada um cava debaixo de seus pés.

Se vitalizar, o ser terá uma expansão consciencial transmutadora que lhe abrirá novos horizontes na vida.

Se desvitalizar, o ser sofrerá uma contração consciencial e se afundará em meio a sentimentos mórbidos, enfermiços e de remorsos.

Todo Exu do Lodo é de Nanã Buruquê, e não de Iemanjá, como muitos dizem. Ainda que nada o impeça de assentar-se à esquerda do Mistério da Geração, pois atua por intermédio dos fluidos vitais, da linfa e do sangue, aos quais pode purificar ou infectar.

Portanto, nas atuações magísticas, esses Exus irradiam uma onda energética que tanto pode "limpar" as pessoas, curando-as, assim com pode infectá-las, adoecendo-as.

Vamos ao nome simbólico de outra linhagem de Exu.

Exu Sete Raios:

Exu = fator vitalizador
Sete = sete irradiações
Raios = Xangô
Xangô = fator equilibrador = justiça
Justiça = razão, equilíbrio e consciência

Todo Exu Sete Raios atua à esquerda do Mistério da Justiça Divina concernente às sete irradiações divinas. E atua referencialmente sobre a razão e o equilíbrio dos seres, vitalizando-os nesse sentido se forem virtuosos e retos ou desvitalizando-os, caso sejam viciados e tortos.

Quando atuam ativados pela Lei Maior, suas atuações cessam assim que as pessoas se reequilibram e readquirem o senso da razão.

Mas quando atuam ativados por magias, só deixam de atuar se forem desativados magística ou religiosamente.

– Desativação magística é aquela em que a pessoa atuada vai até seu ponto de forças (uma pedreira) e realiza uma oferenda ritual, solicitando que ele cesse sua atuação;

– Desativação religiosa é quando um médium-sacerdote faz isso pela pessoa atuada.

Vamos ao nome simbólico de outra linhagem de Exu.

Exu Sete Catacumbas:

Exu = fator vitalizador
Sete = sete irradiações
Catacumba = túmulo
Túmulo = cemitério
Cemitério = Omolu = terra
Omolu = fator paralisador
Fator paralisador = Mistério da Geração
Geração = fator aquático
Fator aquático = Iemanjá
Omolu = terra
Iemanjá = água
Exu Sete Catacumbas = terra e água
Terra e Água = Obaluaiê
Obaluaiê = evolução e transmutação

Logo, todo Exu Sete Catacumbas parece, à primeira vista, que é um Exu de Omolu, o Senhor dos Campos da Morte ou do Cemitério.

Mas, interpretando analogicamente ou simbolicamente seu nome, chegamos ao real mistério em cuja esquerda essa linhagem de Exu está assentada, assim como identificamos seu real campo de atuação: a terra (Omolu) e a água (Iemanjá), Orixás regentes da irradiação da Geração.

Então, agora sim, podemos fazer a leitura correta do seu nome simbólico:

Todo Exu Sete Catacumbas é de Obaluaiê, e atua tanto no elemento terra (a Geração) como no elemento água (a Criatividade), como mistério vitalizador da evolução reta e virtuosa dos seres nesse sentido da Vida, assim como atua como desvitalizador da evolução dos seres que se viciaram e se desvirtuaram.

Assim como Obaluaiê é ativo no elemento terra e é passivo no elemento água, o mesmo acontece com os Exus Sete Catacumbas. Então, Exu Sete Catacumbas assenta-se no Campo-Santo (Omolu = terra) e atua na água *(Iemanjá = geração da vida),* vitalizando quem é virtuoso nesse sentido e desvitalizando quem se desvirtuou nele, já que o sentido da Geração, como todos os outros, está implícito em todos os outros.

Logo, Exu "Sete" Catacumbas atua sobre aqueles que caíram num dos sete sentidos da Vida (Fé, Amor, Conhecimento, Justiça, Lei, Evolução e Geração) e paralisa com o fator paralisador de Omolu todos os seres que desvirtuaram suas "gerações" em um dos sete sentidos.

Já na atuação magística, Exu Sete Catacumbas tanto pode vitalizar como pode desvitalizar a criatividade dos seres, abrindo ou fechando suas faculdades mentais ou suas fontes geradoras de energias vitais, acelerando ou desacelerando suas evoluções.

Enfim, pelas leituras que já fizemos, temos a noção do processo que deve ser seguido caso se queira interpretar corretamente o nome simbólico de uma linhagem de Exus, os mistérios que eles vitalizam ou desvitalizam na vida dos acres, os seus campos preferenciais de ação e reação, os carmas individuais que mais facilmente esgotam quando ativados pela Lei Maior, etc..

Saibam que pelo nome simbólico do Exu de trabalho é possível se chegar ao nome simbólico do orixá que está mais ativo na vida e nos trabalhos religiosos e magísticos de um médium. Mas só um bom intérprete fará uma leitura abrangente e profunda dos seus nomes simbólicos.

No próximo capítulo, daremos uma série de informações que ajudarão nessas leituras.

Fatores	Sentido da Vida
Cristalino	Fé
Mineral	Amor
Vegetal	Conhecimento
Ígneo	Justiça
Eólico	Lei
Telúrico	Evolução
Aquático	Geração

O significado das palavras e dos símbolos nas interpretações dos nomes simbólicos:

– Fator Cristalino é congregador
– Fator Mineral é conceptivo
– Fator Vegetal é expansionista
– Fator Ígneo é equilibrador
– Fator Eólico é ordenador
– Fator Telúrico é transmutador
– Fator Aquático é criacionista e gerador

– O fator congregador estimula a Fé, e é regido pelos orixás Oxalá e Logunãn;

– O fator conceptivo estimula o Amor, e é regido por Oxum e Oxumaré;

– O fator expansionista estimula o Raciocínio, e é regido por Oxóssi e Obá;

– O fator equilibrador estimula a Razão, e é regido por Xangô e Oroiná;

– O fator ordenador estimula a Ordem, e é regido por Ogum e Iansã;

– O fator transmutador estimula a Evolução, e é regido por Obaluaiê e Nanã Buruquê;

– O fator gerador estimula a Criatividade, e é regido por Iemanjá e Omolu.

Os orixás, seus elementos e magnetismos:

Orixá	**Elemento**	**Magnetismo**
Oxalá	Cristal-Tempo	Magnetizador
Logunãn	Tempo-Cristal	Cristalizador
Orixá	Elemento	Magnetismo
Oxum	Mineral	Agregador
Oxumaré	Tempo-Mineral	Renovador
Oxóssi	Vegetal	Expansivo
Obá	Terra-Vegetal	Concentrador
Xangô	Fogo	Equilibrador
Oroiná	Fogo	Condensador
Ogum	Ar	Ordenador
Iansã	Ar	Direcionador
Obaluaiê	Terra-Água	Transmutador
Nanã	Água-Terra	Decantador
Iemanjá	Água	Criativo
Omolu	Terra	Estabilizador

Os elementos e os tipos magnéticos:

Cristal > raios retos, espirais, agregados (pedras).

Mineral > ondas coronais, ondas entrelaçadas, ondas aneladas, fluxos de raios retos.

Vegetal > setas, caniculos e folheares (tipo samambaias).

Fogo > raios retos, raios em zigue-zague, raios entrecruzados.

Ar > raios retos, raios espiralados, raios curvos.

Terra > raios retos e círculos concêntricos.

Água > círculos ondeantes, raios bipontuais.

Tempo > todos os tipos de magnetismos.

Significado dos Símbolos

Cruz – Fé ou passagem de níveis
Espada – Lei, ordenação, procedimento reto
Lança – Caminho, direção, rumo
Porta – Passagem dimensional
Porteira – Passagem de nível vibratório ou de campos
Pedra – Agregação, fusão, união
Pedreira – Justiça, equilíbrio de agregações
Lodo – Terra e água viciadas ou negativadas
Setas – Expansão, direção, caminho
Estrelas – Fé, geração, justiça, equilíbrio
Raios – Fogo, justiça, equilíbrio
Cova – Vibrações negativas, o "embaixo", polo negativo
Túmulo – Passagem de nível

Poderíamos listar muitos outros significados, mas com esses já é possível iniciar a leitura dos nomes simbólicos de muitas linhagens de Exu.

A seguir, daremos alguns signos que, na verdade são tipos de irradiações, pois quando um Exu de Lei coloca um deles no seu ponto riscado, significa que está atuando sob as ordens do orixá que o forma em suas ondas fatorais irradiantes.

TIPOS DE MAGNETISMOS	
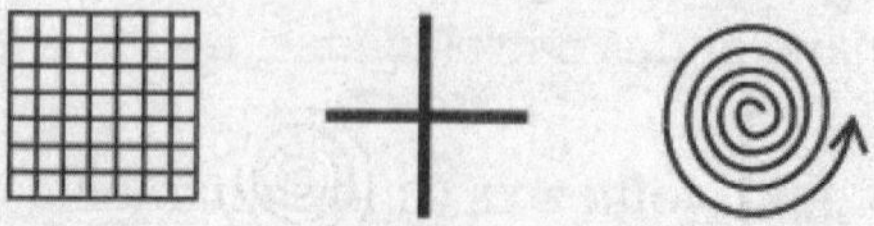	CRISTALINO
	MINERAL
	VEGETAL
	ÍGNEO
	EÓLICO
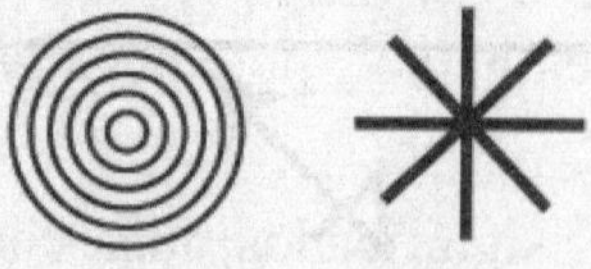	TELÚRICO
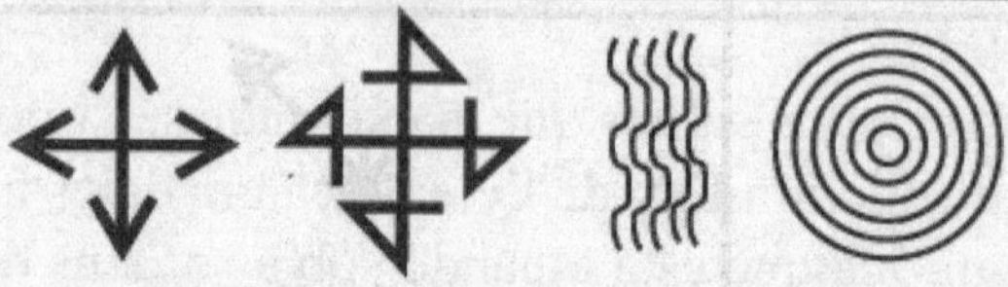	AQUÁTICO

SIGNIFICADOS DOS SÍMBOLOS DOS ORIXÁS NA UMBANDA

 Estrela Oxalá e Iemanjá	 Espiral Logunãn Tempo e Oxumaré
 Raio Iansã, Xangô e Oroiná	 Triângulo Oxalá, Ogum e Omolu
 Duplo triângulo Xangô e Obaluaiê	 Seta Oxóssi
 Seta Espiralada Iansã	 Quadratura do Círculo Fixação de Irradiações
 Lança Oxalá, Ogum e Obaluaiê	 Lança Ancorada Iemanjá
 Lança Bidirecional Logunãn Tempo	 Lança Cortada Iemanjá e Ogum
 Lança Ansada Omolu	 Lança Raiada Obaluaiê

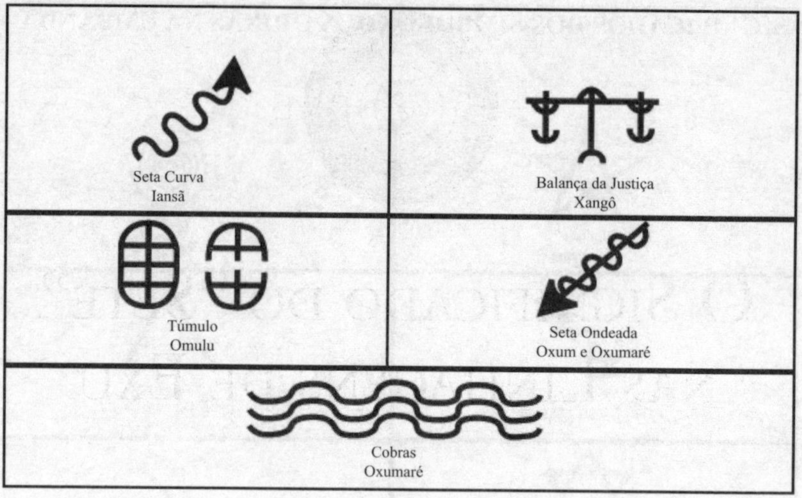
Seta Curva
Iansã
Balança da Justiça
Xangô
Túmulo
Omulu
Seta Ondeada
Oxum e Oxumaré
Cobras
Oxumaré

O Significado do "Sete" nas Linhagens de Exu

O sete é um número mágico por excelência e por tradição magística e religiosa.

Mas quando estudamos o seu significado, descobrimos que, nos nomes simbólicos, quando uma entidade de Umbanda o traz em seu nome é porque atua nas "sete linhas" ou nas sete irradiações divinas.

E muitos Exus também atuam nas sete linhas, pois desenvolveram a capacidade mental de vitalizarem ou desvitalizarem os sete tipos de elementos, magnetismos, sentidos, mistérios, etc. Logo, nada mais lógico que a existência de um Exu das Encruzilhadas, outro das Sete Encruzilhadas e outro ainda Rei das Sete Encruzilhadas.

– Um Exu das Encruzilhadas é um iniciante que guarda um só cruzamento ou passagem de uma irradiação;

– Um Exu das Sete Encruzilhadas é um ser já bem desenvolvido mentalmente, pois guarda as sete passagens ou cruzamentos de uma irradiação;

– Já um Exu Rei das Sete Encruzilhadas é um Exu Guardião à esquerda do próprio Mistério das Sete Encruzilhadas (as sete irradiações).

Mas há outra interpretação, pois temos os mistérios originais e os compostos.

Como mistério puro, eis alguns exemplos:

Oxum das Pedras
Iansã das Pedreiras
Oxum das Cachoeiras
Xangô dos Raios, etc.

Já compostos, os orixás regentes desses mistérios identificam-se como sete ou sétuplos:

Oxum das Sete Pedras
Iansã das Sete Pedreiras
Oxum das Sete Cachoeiras
Xangô dos Sete Raios, etc.

Nós temos uma explicação para os mistérios originais e para os compostos.

– Os mistérios originais são regidos por Orixás Encantados;

– Os mistérios compostos são regidos por Orixás Naturais:

– Os Orixás Encantados são os regentes do quinto plano Vida;

– Os Orixás Naturais são os regentes do sexto plano da Vida;

– Os Orixás Encantados estão na origem dos mistérios puros e lhes dão sustentação magnética;

– Os Orixás Naturais são os multiplicadores desses mistérios puros, pois os irradiam para as sete irradiações e os abrem para que outros orixás possam desenvolver a capacidade de atuarem por meio deles.

Assim, uma Oxum das Pedras só irradia seu mistério agregador para sua linhagem, formada de Oxuns Encantadas.

Já uma Oxum das Sete Pedras irradia naturalmente seu mistério para todas as linhas ou irradiações, e o abre para quantos orixás que queiram desenvolvê-lo mentalmente para capacitarem-se a atuar nele com o seu próprio mistério.

Daí, temos os Xangôs Sete Pedras, que são equilibradores dos seres naturais que o manifestam.

Temos os Oguns Sete Pedras, que são os ordenadores dos seres que o manifestam.

E, como não podia ser de outra forma, temos os Exus Sete Pedras, que são os vitalizadores ou desvitalizadores dos seres que o manifestam.

Logo, um Exu das Pedras atua nos seres encantados cujos mistérios originais são só agregadores e conceptivos. Já um Exu Sete Pedras atua à esquerda dos Orixás naturais que são agregadores nas outras irradiações e recorrem a Exu para vitalizar ou desvitalizar suas linhagens de seres naturais que estão desenvolvendo a capacidade de irradiarem de si o Mistério Sete Pedras.

Então temos em Oxum das Sete Pedras, a doadora natural desse mistério.

E temos Ogum Sete Pedras, Xangô Sete Pedras, Iansã Sete Pedras e... Exu das Sete Pedras.

Essa explicação aplica-se a todos os mistérios puros ou originais e aos compostos ou mistos.

Então temos:

Exu das Pedras e Exu Sete Pedras
Exu Espada e Exu Sete Espadas
Exu Escudo e Exu Sete Escudos
Exu das Pedreiras e Exu Sete Pedreiras
Exu da Lagoa e Exu Sete Lagoas
Exu Cobra e Exu Sete Cobras
Exu Montanha e Exu Sete Montanhas
Exu dos Raios e Exu Sete Raios
Exu das Catacumbas e Exu Sete Catacumbas
Exu Porteira e Exu Sete Porteiras
Exu Cruzeiro e Exu Sete Cruzeiros
Exu Capa Preta e Exu Sete Capas Pretas
Exu das Encruzilhadas e Exu Sete Encruzilhadas
Exu Corrente e Exu Sete Correntes
Exu dos Caminhos e Exu Sete Caminhos
Exu Chave e Exu Sete Chaves
Exu das Portas e Exu Sete Portas
Exu Caveira e Exu Sete Caveiras
Exu Sombra e Exu Sete Sombras, etc.

E assim sucessivamente com tantas outras linhas de Exus, todos assentados à esquerda dos regentes desses mistérios, aos quais auxiliam com seus mistérios duais, pois tanto vitalizam como desvitalizam os seres quando atuam sobre eles.

Conclusão

Exu é um mistério da criação assentado à esquerda dos seres pelo próprio Divino Criador Olorum.

Logo, devemos estudar esse mistério, entendê-lo quando entra de forma ostensiva em nossa vida e reajustarmo-nos o mais rápido possível, pois sua presença significa que algo não está bem. Devemos tirar o melhor proveito dele pois, na verdade, Exu não gera em si a inimizade, o ódio ou a repulsa, e tanto pode atuar contra alguém como pode, no instante seguinte, passar a ajudar quem ele estava desvitalizando.

A Umbanda é em si a religião dos mistérios de Deus e tem o Mistério Exu assentado à sua esquerda, recorrendo a ele tanto religiosa, como magisticamente. Usa-o tanto para desmanchar trabalhos de magia como para punir os seus próprios médiuns, muitos deles afastados de forma violenta dos seus centros porque não souberam portar-se segundo os seus princípios religiosos, um dos quais diz:

Quem não sabe portar-se com respeito, reverência, fé e amor diante dos pais maiores (os orixás) não merece viver no meio dos filhos do Pai Maior (de Deus).

Exu sabe portar-se diante dos orixás e não apenas não desrespeita quem o acolhe com respeito e cordialidade, como vai logo oferecendo-se para ajudá-lo com seu mistério.

Os Guardiões da Lei, Seres Planetários

por Ogum Beira-mar

Comentar os Sagrados Guardiões da Lei é a oportunidade de lançarmos um pouco de luz sobre um assunto de suma importância para os umbandistas em particular, e todos os iniciados em geral.

Assunto este pouco conhecido, mas que, em última instância, rege a vida de todos os que dedicam boa parte, e a parte espiritual de suas vidas, às coisas supra-humanas.

Quando dizemos a parte espiritual de suas vidas, queremos dizer que ela é a imortal, que não perece junto ao corpo carnal. Apenas isso, e nada de outras ilações, certo? Tudo o que um ser faz, no final se revela bom, senão para si, pelo menos para algum semelhante.

Quanto aos Guardiões da Lei, são seres planetários responsáveis pelo equilíbrio da Lei dentro da natureza planetária, e têm por função velar para que excessos não sejam cometidos, tanto os de ordem negativa quanto os de ordem positiva.

Sim, excessos de ordem positiva também acontecem. Eles acontecem quando "espíritos de luz" imiscuem-se nos domínios dos "espíritos das trevas". E não é raro acontecerem excessos no cumprimento de atribuições, quando sentimentos opostos são elevados a situações extremamente emocionais.

Ogum Beira-mar, assim como todos os Oguns, tem atribuições bem definidas dentro do Ritual de Umbanda Sagrada, e não poucas vezes temos de observar os procedimentos dos filhos de fé e de santo que excedem suas atribuições enquanto mediadores magistas por excelência entre o alto e o embaixo, por intermédio dos consulentes das tendas.

Muitas vezes os médiuns magistas, movidos pela melhor das intenções, acabam interferindo no curso natural de processos de esgotamento cármico e voltam contra si poderosas forças negativas, implacáveis nas suas cobranças, assim como com aqueles que interferem indevidamente nas suas ações. Nesses casos, só uma ação incisiva e pronta impede que a reação atinja o médium magista.

Exemplifiquei apenas uma das múltiplas atribuições dos Guardiões da Lei restrita ao Ritual de Umbanda Sagrada, para não adentrarmos em outras religiões em que casos parecidos acontecem, quer seja com o padre que realiza um exorcismo ou com o pastor que faz uma desobsessão, ou mesmo com o espírita que acolhe em seu amor e caridade todos os devedores da Lei travestidos de vítimas imoladas no altar das incompreensões humanas.

Bem, acabei comentando o que não queria.

Mas... como não comentar se o assunto “Guardiões da Lei” envolve e abarca todo o planeta e todas as dimensões?

Se não, vejamos.

O Setenário Sagrado, regente da criação e das criaturas, não é exclusivo de uma religião.

Todas as religiões nascem da vibração mental do Logos Planetário e irradia-se por meio dos Sete Regentes Planetários, cada um responsável pela harmonia e equilíbrio em um dos sete níveis conscienciais.

Esses níveis conscienciais aqui aludidos não são nem mais nem menos que os estágios evolutivos dos seres humanos.

Cada religião, em seu tempo no plano material, cumpriu, está cumprindo ou ainda cumprirá sua missão maior, que é tornar-se numa via de evolução para seus seguidores.

Não raro, todas as religiões cometem seus excessos por causa das interpretações pessoais ou parcialistas da doutrina que difundem.

Esses excessos deveriam ser debitados aos responsáveis, mas ninguém ousa assumi-los pessoalmente, pois tudo é feito em “nome” de Deus.

Portanto, alguém no astral tem de fazer ver aos que “interpretaram” erroneamente a sua doutrina religiosa, que ninguém tem o direito de matar, violentar ou torturar, alegando razões divinas.

São tantos os excessos que preferimos não nos alongar para podermos adentrar nos seres planetários Guardiões da Lei. Por “Lei”, aqui em especial, entendam a ordem das coisas em todos os planos da Vida e níveis conscienciais.

A Lei age por si só e dispensa a interferência humana. Mas como o ser humano é envolvido, mesmo contra sua vontade, por aqueles que se desequilibram, então o fator humano também é acionado pela Lei quando se faz necessário.

Existem hierarquias humanas voltadas exclusivamente para suprir carências da Lei em determinados lugares, ou aparar excessos cometidos justamente em nome dela.

As sociedades terrenas sempre contaram com juízes e executores das leis civis, militares ou eclesiásticas.

O judiciário, em muitos países, assumiu as funções antes atribuídas às religiões. Mas em algumas regiões influentes, o papel de juiz pertence a religiosos, sempre parcialistas nos seus julgamentos, já que colocam os dogmas religiosos acima dos interesses imediatos dos cidadãos, fato este que conduz a muitos arbítrios desumanos.

É comum isto acontecer, tanto nas sociedades materiais quanto nas fraternidades existentes nos planos espirituais. E... contrariando os "sábios iniciados" nas ciências espirituais, que julgam o "outro" lado um paraíso dotado de uma sapiência única, devemos dizer-lhes o seguinte:

Não confundam a harmonia existente nas esferas superiores da Luz, onde as hierarquias estabelecidas a partir da razão tudo regem, com o caos que existe desde a segunda esfera inferior até a segunda superior.

Dentro desse limite, tudo, mas tudo mesmo, se assemelha ao plano material, inclusive em relação às religiões. Nessas esferas (duas da Luz e duas das Trevas), ainda encontramos espíritos fortemente ligados às religiões que vivenciaram no plano material, que conservam tanto os vícios quanto as virtudes propagadas por elas.

Alguns "sábios iniciados" desprezam o fator consciência no processo evolutivo e acreditam que do "outro lado" todos se tornam iguais.

Não atentam para o "espírito de corpos" e o "instinto de sobrevivência", coletivos, que o ser desencarnado leva em sua consciência após sua passagem.

"Mundos" espirituais católicos, judaicos, islâmicos, budistas, espíritas, naturistas (indígenas), etc., existem para acolher os desencarnados, tanto nas esferas da Luz quanto das Trevas.

Em meio ao caos "aparente" reinam os Guardiões da Lei, evitando choques entre espíritos das mais conflitantes formações religiosas e culturais.

Algumas vezes os Sagrados Guardiões atuam mentalmente, abarcando todo um plano espiritual e induzindo seus moradores em uma nova direção; em outras, recorrem às hierarquias celestiais de espíritos responsáveis pela ordem dentro dos planos.

A Umbanda Sagrada, em sua codificação, recorreu ao setenário planetário como regente do seu ritual religioso.

Com isto, os Guardiões da Lei atuam em três graus:

1º – referente aos princípios da Luz (alto);

2º – referente aos princípios das Trevas (embaixo);

3º – referente aos princípios humanos (meio).

Esses três aspectos de uma mesma coisa hierarquizou-se em falanges de Guardiões da Lei na Luz, e Guardiões da Lei nas Trevas.

Os Orixás Sagrados, os Tronos Planetários regentes da Natureza, ligados por qualidades, atributos e atribuições do Setenário Sagrado, confiaram a Lei e a guarda da vida aos Vinte e Um Guardiões Planetários que velam mentalmente pela harmonia e equilíbrio no alto, no meio e no embaixo.

Dizem os iniciados umbandistas que o orixá Xangô é o juiz e Ogum é o executor da Lei. Mas isso é apenas uma simplificação de atribuições muito mais abrangentes.

O orixá Xangô, um dos 21 Guardiões da Lei, ser planetário que atua unicamente por meio do mental, vela pela harmonia e o equilíbrio na evolução.

O orixá Ogum, também atuando unicamente por intermédio do mental, vela para que os excessos ou as carências sejam sanados.

Ambos, dentro do aspecto "Lei", são guardiões da harmonia e do equilíbrio.

Quanto ao aspecto "Vida", o orixá Xangô vela pelo seu crescimento e o orixá Ogum vela pela harmonia e pelo equilíbrio desse crescimento.

Com isso, e sem nos prolongarmos demais, queremos deixar claro que os Guardiões Planetários participam de todos os aspectos da vida do ser humano, nada lhes escapando, pois atuam tanto mentalmente quanto por meio de hierarquias de espíritos responsáveis pela harmonia e pelo equilíbrio nas relações entre seres humanos. Mas esses mesmos 21 Guardiões da Lei, ligados ao Setenário Sagrado, atuam no alto, no meio e no embaixo de todas as religiões, assim como das sociedades humanas.

Já se descreveu ou interpretou a entidade Exu como agente cármico por excelência. Mas até onde nos permitimos revelar, esse é um dos aspectos da Lei de Causa e

Efeito, pois Exu não executa espíritos humanos, apenas os recoloca nas linhas preestabelecidas pelos Orixás Sagrados para que recomecem suas evoluções.

O mistério "Exu" abarca um universo negativo muito maior que o carma. Exu, antes de mais nada, e acima de tudo, é guardião do lado negativo dos pontos de forças da Natureza regidos pelos Orixás Sagrados.

Apenas em função dessa sua atribuição principal é que Exu interfere na "vida". O contrário já não é verdade, pois tanto as hierarquias da Luz quanto as das Trevas só podem "velar" a vida, nunca interferindo no livre-arbítrio dos seres humanos ou contrariando as deliberações assentadas nas sociedades materiais.

Se assim fosse, então bastaria a um mediador de Umbanda se indispor com o seu, digamos, presidente, para enviar um Exu para executá-lo, derrubando-o. Isso não acontece, e só uns tolos acham ou acreditam que isso é possível.

Exu tem um limite que deve respeitar, e caso ultrapasse seus limites imediatamente é punido pelos Guardiões da Lei que atuam em um nível superior dentro das hierarquias.

Exu é um termo ou palavra que designa os responsáveis à esquerda pelos desvios de conduta dos seres humanos.

Para nós, a classificação de Exu como agente cósmico está mal colocada. Exu é um agente da Lei, de natureza cósmica (negativa) e que tem por limites as esferas negativas, ou Trevas.

Além do mais, assume funções paralelas por ser membro atuante das hierarquias estabelecidas com o Ritual de Umbanda Sagrada, este sim, agente cármico por excelência, já que todas as religiões lidam e esgotam positivamente os carmas de seus adeptos.

O Ritual de Umbanda Sagrada, por ser uma religião fundamentada nos assentamentos (pontos de forças) dos Orixás Sagrados (Tronos Regentes da Natureza) é, a exemplo de todas as outras religiões, agente cármico por excelência, por qualidades, atributos e atribuições.

Só uma religião codificada, fundamentada e assentada em regentes divinos (seres planetários), quer seja Cristo Jesus, Buda, Krishna, etc., são agentes cármicos.

Em todas as religiões que têm esses regentes divinos também existem hierarquias que abrangem desde o extremo positivo até o extremo negativo.

Nenhuma religião assentada prescinde desse princípio regente das religiões: a hierarquia deve ser contínua, desde o alto até o embaixo, sem nunca sofrer interrupção ou ruptura, senão haverá uma ruptura na própria Lei do Carma.

Um crime cometido por um cristão será punido por um executor cristão.

Um crime cometido por um umbandista será punido por um Exu executor (função agregada aos guardiões do lado negativo dos pontos de forças da Natureza, guardiões esses ligados diretamente aos Tronos Regentes da Natureza).

Em qualquer religião existem os dois extremos, que nada mais são que os polos positivo e negativo de um mesmo corpo, no caso, o corpo religioso.

Exu é agente cármico porque tem como uma de suas atribuições punir os criminosos?

"Sim!", respondem os que pouco conhecem a Lei.

"Não!", respondem os que realmente conhecem os princípios da Lei.

Afinal, cada religião tem seus "santos" e "demônios", e um demônio cristão prefere estar com o "diabo" do que com um guardião negativo de um ponto de forças da Natureza.

Mas, acima e além das classificações humanas, existe toda uma faixa delimitadora que, a partir dela, as denominações deixam de existir e tudo é classificado como ser cósmico (negativo) ou universal (positivo), assim como as ações, que já não pertencem aos membros das hierarquias, mas tão somente aos regentes planetários, de atuação mental por excelência. E para eles não existem cristãos, islâmicos, budistas, umbandistas ou espíritas. Há apenas vias de evolução com essas denominações, e eles não atuam em função desta ou daquela denominação religiosa, mas tão somente a partir de princípios regentes do todo planetário, comuns a todos os seres viventes.

As religiões são os agentes cármicos por excelência, por qualidade, atributos e atribuições.

Dentro desse "arco" religioso, muitas são as hierarquias humanas responsáveis pela manutenção da harmonia e do equilíbrio (Vida e Lei). Umas existem em função de uma religião, outras em função de outra. Mas todas as hierarquias confluem para um dos sete regentes planetários, cada um responsável por um nível consciencial dos seres viventes.

O regente planetário que é Ogum para os umbandistas não responde por este nome no Cristianismo, cuja denominação cristã é outra. Mas esse mesmo regente planetário está identificado com outras denominações dentro de todas as religiões.

Assim, quando o cabalista judeu o evoca, ele o faz com a designação de anjo ou arcanjo.

Tudo é somente uma questão de nomenclatura, e só os tolos ou os ainda poucos evoluídos não sabem disso, ou recusam-se a aceitar isso como correto.

Deus, Brahma, Alá, Iavé, Olorum, Zeus, só para não nos alongarmos nas denominações humanas do nosso Divino Criador, é uno na origem, no meio e no fim.

Mas dentro da Natureza, Ele, que abrange tudo, vai do extremo negativo ao extremo positivo, por onde evoluem todas as espécies.

Ao contrário do que muitos acreditam e todos desconhecem, os crescimentos e evoluções podem ser ascendentes ou descendentes.

A direção seguida não invalida ou anula o ser, pois atende à sua natureza mais íntima (positiva ou negativa). E um crescimento negativo, energético e mental, geralmente atende a ditames da Lei em atenção às necessidades das próprias hierarquias estabelecidas, que acolhem somente espíritos com afinidades magnéticas, emocionais, racionais e conscienciais.

No final, todos alcançarão o mesmo ponto, onde o Todo projeta-se sobre o planeta. A partir daí, o fim de cada um só a Ele pertence.

Portanto, não adianta um ser humano de natureza negativa tentar evoluir nas esferas positivas, pois sempre será atraído pelo magnetismo das esferas negativas, e vice-versa.

Mas, negativo não quer dizer "inferno" e positivo não significa "céu".

Por desconhecerem estes dois polos magnéticos (naturezas distintas), os espíritos cometem muitos desatinos e estacionam em determinadas faixas, só saindo de sua paralisia, caso sobre eles atuem os Guardiões da Lei.

Sobre os que estão "correndo" demais, também acontece uma atuação intensa no sentido de contê-los dentro dos seus limites. E tudo isso é atribuição dos Sagrados Guardiões da Lei, seres divinos por excelência e de atuação mental planetária, por meio das consciências.

Uma observação: não existe entidade de trabalho espiritual e que responda pelo nome de Exu na Umbanda, que não tenha vivido no plano material, assim como não existem Caboclos, Pretos-Velhos, baianos, ciganos e boiadeiros que nunca tenham encarnado.

Os Exus e Pombagiras, ou Exus femininos, respondem aos regentes dos pontos de forças da Natureza (orixás). É o mesmo com todas as outras entidades distribuídas dentro das linhas de Lei, ação e trabalhos do Ritual de Umbanda.

Dentro da evolução, há toda uma hierarquia em que, aos poucos, os espíritos vão evoluindo mental e consciencialmente. E, só à medida que evoluem, é que vão alcançando níveis superiores da criação, em que as formas vão dando lugar às essências, até que se alcance um nível no qual todos são quintessenciações vivas que pensam, raciocinam, movimentam-se e servem à Lei, independentemente da formação religiosa humana que um dia já tiveram.

Tanto na evolução quanto no próprio ser, tudo é Lei, tudo é vida e tudo é divino.

Divinos também são os Sagrados Guardiões da Lei de Deus, pois velam o tempo todo por nós.

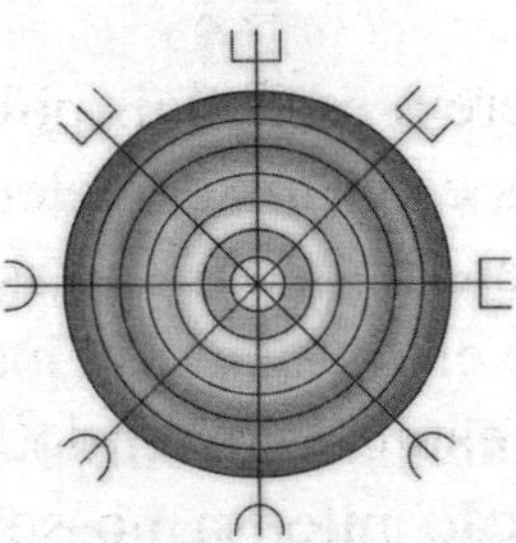

O Guardião dos Pontos de Forças Negativas

Falar a respeito dos Exus é algo muito complicado e perigoso, porque sua força de atuação é maior e mais variada do que imaginamos.

Exu no Ritual de Umbanda é força ativa por excelência. Mas como Guardião nas Trevas, ele tem uma função definida pela Lei Maior que não podemos colocar em dúvida.

O que é estabelecido pela Lei Maior não pode ser afrontado. No máximo, deve ser explicado. É só com esse intuito que vamos falar sobre Exu, o Guardião do Ponto de Forças das Trevas.

Exu nada mais é que a força que atua sobre o negativo de qualquer pessoa com o dom ancestral místico de incorporação oracular, ou seja, os médiuns.

No ritual africano antigo, Exu não é utilizado para trabalhos comuns, mas sim é considerado o elo do filho com o seu orixá. Ele é o mensageiro que leva nossos pedidos, e ao mesmo tempo nos passa as ordens do orixá.

No Ritual de Umbanda, Exu é mais uma entidade de trabalho. Isso não quer dizer que existam grandes diferenças, apenas o modo de colocar essa força em ação é diferente.

O Ritual de Umbanda é a simplificação daquilo que muitos acham tão difícil de entender. Se no ritual africano tudo é oculto, no Ritual de Umbanda tudo é aberto.

O que torna o Ritual de Umbanda tão atraente é justamente isto: ele não se assenta sobre o oculto, mas sim tira dele sua parte ativa, simplificando-o e tornando-o popular. Caem os tabus que poderiam criar dependência devido ao medo despertado pelo oculto. Pelo contrário, é pela revelação que o Ritual se torna tão atrativo.

Não há segredos mas sim mistérios que se ocultam por trás de nomes simbólicos.

Mas mistério não é tabu!

Como vamos falar da entidade Exu no Ritual de Umbanda, não vamos falar no ritual africano senão faríamos muita confusão sem nada explicar.

Por uma lei que não pode ser questionada, porque foi criada pelo perfeito Criador de tudo e de todos, existe uma linha divisória separando o que é Luz do que são Trevas.

Já falamos dos pontos de força na Luz, mas também falamos sobre o seu lado negativo ou escuro. Pois é nesse lado que Exu atua. Ali é seu ponto de força na Natureza.

Um Exu de Lei está ligado a um orixá.

Ele, dentro de uma linha de força, não é um ente sem responsabilidade para com a Lei Maior. Muito pelo contrário, pois como é elemento mágico e religioso possuiu um campo de atuação bem definido.

É nesse ponto que começa o verdadeiro movimento das entidades, com os choques de força nas Trevas e o consequente desequilíbrio das linhas de Luz.

Por que isso ocorre?

Pela ignorância e maldade que os espíritos encarnados ainda trazem consigo!

O uso da magia negra ou dos pensamentos negativos não é exclusivo de um povo, mas está disseminado por toda a humanidade e foi assim por todos os tempos. Não há um só povo sobre a terra que possa se dizer isento do uso da magia negra. Todos a conheceram e a usaram; é da natureza humana!

Até aí a Lei permite, pois se assim não fosse, não haveria a evolução dos espíritos. É com o mau uso de um instrumento que nós aprendemos como usá-lo corretamente. Se o usarmos mal ao realizarmos uma tarefa para alguém, nada receberemos em pagamento. Além de perdermos tempo buscando a melhor forma de fazê-lo, ainda corremos o risco de perdermos a matéria utilizada. Nesse caso, teremos de ressarcir o prejuízo do dono da matéria.

Após errarmos diversas vezes, aprendemos como utilizar o instrumento e passamos a ser considerados bons profissionais. Como estamos falando em forças regidas pela Lei Maior, é nesse momento que somos convidados a servir a essa Lei.

Isso é um Exu de Lei: alguém que conhece os mistérios da magia e que já cansou de ter prejuízo com o mau uso do instrumento colocado à sua disposição. Essa é a linha que divide o Exu de Lei dos quiumbas e eguns.

O Exu de Lei tem o seu ponto riscado ligado a um dos

Sete Maiorais. Os quiumbas e eguns não. Esses são aqueles que estão no "meio".

Mais dia, menos dia, serão colhidos pela Lei e daí em diante serão doutrinados para futuro aproveitamento e para uma evolução sólida.

Os Exus que atuam por meio da incorporação mediúnica são aqueles que estão aprendendo a usar os instrumentos colocados à sua disposição.

Com o tempo vão se aperfeiçoando e sua evolução passa a ser mais rápida. Quando descobrem o caminho menos espinhoso, usam de todas as suas forças para atingir um grau superior.

No Ritual de Umbanda, sete são as linhas de força atuando à esquerda.

Quem conhece a entidade Exu sabe também que é uma entidade neutra.

Para eles não existe a divisão entre Bem e Mal, apenas objetivos a serem atingidos. Se direcionados para o Bem, fazem-no à sua maneira, e se para o Mal, também.

Nesse aspecto, eles se tornam controvertidos. São ligados à Lei, e são executores dela, mas são, ao mesmo tempo, neutros.

O que quer dizer isso? Vamos explicar.

Se por acaso temos um problema, e em dado momento clamamos aos orixás, ou a Deus, saibam todos que, de alguma forma, nosso clamor será ouvido. Se tivermos merecimento, seremos auxiliados na superação dessa fase de nossa vida. A Luz nos enviará seus servidores para nos ajudarem. Tudo feito por amor a nós.

O oposto se dá quando, por inveja, ódio ou outro desequilíbrio do espírito humano, clamamos pelo auxílio das Trevas. Milhões de pessoas fazem isso todos os dias, quando odeiam alguém, amaldiçoam-no e praguejam contra ele.

Tudo isso são clamores às Trevas. Sem o saber, estão caminhando rumo a elas, já que aqueles que acorrem para auxiliá-los são os mensageiros das Trevas.

Será tão difícil entender isso? Não, basta querer!

Mas, voltando aos Exus, como atuam em um campo restrito, eles somente se movimentam se alguém for até seu ponto de forças. Sem isso, eles, os Exus verdadeiros, não atendem ninguém. E quando já despertaram para a verdadeira sabedoria, não atendem nem ao seu médium, se este estiver desequilibrado emocionalmente.

Que isto fique bem claro: Exu só age se for pago simbolicamente por meio de uma oferenda. Com isso, ele se exime de culpa pela ação. Quem o pagou é que é o culpado!

Um guia de luz age onde ele acha necessário; um Exu age quando lhe pedem e pagam. Aí está sua neutralidade.

Se alguém um dia tiver de pagar, que pague dando uma prova material de sua ação. Esse é o primeiro ativador da ação de Exu, o Guardião do Ponto de Forças Negativas.

Quanto aos espíritos que vivem nas trevas, estes sim são o que há de pior no astral. Eles não têm uma lei definida a regê-los e onde veem uma oportunidade, começam a se impor sobre as pessoas.

Mas uma coisa deve ficar clara quanto ao modo de pensar e agir de um Exu que trabalha junto a um médium: ele é igual a nós, e toma a nossa defesa quando algo ou alguém está nos prejudicando.

Esse seu modo de ser coloca-o no mesmo grau que nós, encarnados, pois é assim que agimos. Quando um amigo leal está sendo prejudicado, tomamos sua defesa imediatamente.

Isso precisa ficar esclarecido para que possamos estabelecer uma regra ao estudarmos a entidade Exu, o Guardião do Ponto de Forças Negativas. Do contrário nunca o entenderemos, por mais que tentarmos.

Ao Exu falta apenas um corpo carnal para que se iguale a nós. Odeiam, têm ciúmes, inveja e até um pouco de amor para dar, ainda que dissimulem muito bem.

Isso é algo que os iguala a nós. Quando todos entenderem isso, terão respostas para muitas indagações não esclarecidas.

Mas, deixando as emoções de lado e entrando na Lei que os rege, vamos encontrá-los atuando fora do Ritual de Umbanda.

Os Exus que trabalham nesses locais são aqueles que já evoluíram o suficiente para perceberem que servir à Luz pode ser trabalhoso, mas é compensador.

Os maiores guardiões estão com os seus comandados em constante evolução, e esse trabalho é dado apenas àqueles que já têm um esclarecimento muito grande.

Por serem antigos, conhecem todos os meios empregados pelos quiumbas na atuação sobre alguém. Sabem também como contê-los quando estes se aproximam de centros kardecistas acompanhando alguém que esteja sob sua ação.

É um trabalho discreto. Não traz a notoriedade, como no caso dos mentores que se manifestam como doutrinadores, curadores ou desobsessores.

Mas também não é para isso que estão lá, muito pelo contrário, querem fazer sua parte de forma velada. Quanto mais discreto, melhor.

Estão ali enviados por quem tem grau e pode ajudá-los em uma evolução rápida. Quem os requisita para as linhas de força são os Grandes Mestres da Linha Branca.

Quando são designados para esse trabalho, abandonam os seus símbolos e suas vestes e recebem uma veste discreta.

A única coisa que os identifica como Exus é o cinto Negro e sua pouca luz; têm uma forma plasmada bem definida, não fluída ou luminosa.

Os kardecistas ortodoxos, que tanto falam em vidência, clarividência e outras formas de visão, ainda não atentaram para este mistério do espiritualismo. Vivem lançando farpas contra o Ritual de Umbanda, considerando o "baixo espiritismo" ou "africanismo", sem saberem que são esses rituais que lhes fornecem os guardiões de suas portas. Quem sabe um dia despertem para a realidade e venham a descobrir que o astral, ou a espiritualidade, tem a sua polícia, e que esta é composta em boa parte por Exus de Lei.

Mudam as vestes, mas os agentes são os mesmos; muda o ritual, mas a força atuante é a mesma; mudam as formas, mas os meios são os mesmos.

Se assim não fosse, estaríamos colocando em dúvida as próprias leis do Criador. E, como Ele é perfeito, dá a cada um segundo o seu grau de evolução, de entendimento e de poder de ação.

Mas nesse caso, o poder de ação dos Exus é limitado. Não evoluem no trabalho de desmanchar demandas ou magias negras. Sua função é apenas guardar os locais de trabalhos de ordem espiritual, e após o término destes, proceder à limpeza astral, levando embora os espíritos que ainda não tenham merecimento para receber o amparo da Luz.

Tudo isto é Exu, o Guardião do Ponto de Forças Negativas.

Mas também são muito mais que isto.

São os carcereiros responsáveis pela "prisão" dos espíritos que afrontaram as Leis Divinas.

Uma entidade de Luz não teria coragem de castigar um espírito que só conhece a linguagem do Mal, mas um Exu Guardião tem sua falange para executar esse trabalho, e o faz com muita disposição.

Não vamos pedir a um médico que vá prender assassinos perigosos. Os policiais são treinados e pagos para isto. Quem pensar o contrário desconhece os mistérios que envolvem as leis que regem a espiritualidade.

E quem não entende, que também não se envolva na discussão, porque a Lei não aceita que a discutam sem conhecimento de causa. E jogar pedra no telhado alheio não é uma boa ideia, pois o tempo nos fará consertar as telhas que quebramos.

A Lei nada perdoa. Podemos condenar os excessos cometidos por Exus, mas nunca as entidades regidas por essa Lei Divina, a Lei do Carma e a Lei de Ação e Reação.

Existe um ponto que precisa ser esclarecido para que nada fique sem resposta quanto à entidade Exu, o Guardião do Ponto de Forças Negativas:

Assim como existem anjos atuando sobre nós, também há demônios infernais fazendo a mesma coisa.

Como dissemos antes, os Exus têm um campo de ação limitado pela Lei. Os demônios infernais pertencem ao oitavo e nono degraus descendentes, ou oitavo e nono círculos descendentes, ou oitavo e nono planos negativos, assim como os anjos pertencem ao oitavo e nono planos ascendentes. Escapam à atuação das sete linhas de força, que agem por meio da natureza no Ritual de Umbanda, e portanto nada têm a ver com ela. Essas entidades infernais podem mudar o destino de um povo quando a Lei do Carma coloca-as em ação.

Elas podem elevar homens ao poder governante e depois, atuando sobre esses mesmos homens, fazerem com que não olhem para o bem do seu povo, levando-o à miséria, à fome, às guerras, à quebra das leis morais, e até a uma afronta às leis divinas. Tudo é possível, quando essas entidades são movidas pela Lei do Carma.

Essa Lei tem um mecanismo que não é possível explicar em poucas palavras. Agem por vontade divina e atuam sobre grandes regiões trazendo a dor e a miséria aos homens, tudo dentro de um ordenamento que, quando atinge seu objetivo, faz com que cesse o seu efeito e que o pensamento passe a ser remodelado, assim como o modo de agir das pessoas, moderando suas ambições, desejos e ódios.

É uma Lei Divina e, portanto, perfeita! Quando ela cessa sua ação, os anjos dirigentes do planeta voltam a agir em suas regiões de influência, restabelecendo o equilíbrio.

Esperamos ter deixado bem claro o que são essas entidades infernais, para que não haja confusão delas com a entidade Exu no Ritual de Umbanda.

A confusão surge quando as pessoas, depois de muito procurarem, encontram os princípios da magia. Essa magia é conhecida desde tempos que não são passíveis de constatação, nem pela História nem pela Arqueologia. A magia existe tanto na Luz quanto nas Trevas.

Como todo instrumento, algumas pessoas fazem bom uso dele, enquanto outras fazem mau uso, ficando essa magia também sujeita ao sabor dos desejos humanos.

A Lei Maior condena quem a usa para o Mal com o confinamento eterno ao nono degrau descendente. De lá ninguém retorna. É o fim do espírito enquanto ser dotado de livre-arbítrio. Passam a ser demônios infernais, ou seus escravos.

Bem, voltando um pouco, temos a dizer que foi o uso negativo da magia que tirou a harmonia do nosso planeta no passado, sendo que até hoje seu equilíbrio não foi retomado.

Essa é parte da sentença divina que recai sobre a humanidade: aquilo que era para ser movido pela Lei Maior apenas para o aperfeiçoamento dos espíritos encarnados, foi descoberto e usado por simples mortais que pensavam estar ganhando algo, tanto em poder quanto em riqueza material.

Teremos de conviver com eles até que a Lei Maior os remova para outros planetas. Até lá, seremos atormentados por esses demônios infernais.

E por que isso?

Aqueles que acham que têm domínio sobre esses demônios, na verdade, ao invocá-los, serão seus instrumentos. Eles não negam os seus poderes e auxílio a quem envereda por suas trilhas sombrias; têm muitos servos escravizados na carne.

Assim como a Luz tem os seus servos encarnados atuando em benefício dos semelhantes, eles têm os seus, que vão distribuindo o Mal aos semelhantes.

Em um tempo perdido, aqueles que cuidavam dos rituais achavam que poderiam controlar a vida, a morte e até mesmo a Natureza, caso libertassem, por meio dos seus conhecimentos, essas entidades. Pensavam que teriam o domínio do mundo com este ato e achavam que poderiam se igualar a Deus.

Esta é a origem do mito Lúcifer, o "Anjo Caído".

Quem sabe Lúcifer não tenha sido realmente um anjo que se excedeu e levou os homens à loucura? É também a origem do mito da "Fonte da Vida", a fonte da eterna juventude.

Os antigos sacerdotes pensavam que poderiam viver eternamente no plano material.

Muitos outros mitos da Antiguidade, que nos chegam por meio de narrativas orais, têm sua origem neste tempo perdido.

Não adianta procurar essas origens, elas não estão à disposição dos homens.

Foi por esse motivo, esse desejo dos homens em se apropriarem do que não lhes pertencia, que os elementos da Natureza se revoltaram e causaram a perda do equilíbrio.

O ritual simples da Natureza se perdeu e o caos se instalou sobre a face da Terra. Os homens não se entenderam mais daí por diante e a cada sete mil anos uma grande calamidade modifica todo o planeta. É a sentença divina que pesa sobre o nosso planeta.

Muitos rituais antigos usaram dessa magia negra pura para dominar nações inteiras. O que conseguiram foi criar uma divisão mais nítida entre Luz e Trevas, Bem e Mal, Justiça e Injustiça.

Quando cessará a sentença, só Deus sabe.

A nós, compete explicar o porquê dessa queda.

Pois bem, esclarecendo a confusão, podemos dizer que Exu de Lei não é demônio, é elemento mágico e religioso.

Um Exu não combate um mentor de luz. Ambos atuam sob uma mesma Lei.

Os demônios, quando colocados em ação por meio de magias negras, podem ser neutralizados apenas pelo poder dos orixás, pois os guias espirituais que acompanham os médiuns não têm o poder de resistir às suas investidas nem podem descer em seus domínios para combatê-los.

O magnetismo desses demônios absorve a energia dos espíritos, e isso não tem nada a ver com Exu de Lei, que é um guardião de mistérios e não combate os espíritos guias que atuam na direita da Umbanda.

O mesmo não ocorre com os demônios infernais, que se comprazem em quebrar qualquer hierarquia estabelecida, infiltrando-se junto daqueles que, por qualquer dos defeitos da alma, abrem-se à sua ação desequilibrada.

É preciso separar Exus de demônios infernais. Estes se apossam do mental, tanto de quem é médium quanto de quem não o é. A eles não importa a religião da pessoa, mas tão somente que abra uma porta para sua ação maligna, para que possam trazer a dor e a miséria.

Que fique bem claro: demônio infernal luta para apagar toda luz da face da Terra; Exu é apenas o executor da Lei, e está submetido às leis da Natureza.

Tronos Negativos

Já comentamos anteriormente que todo ponto de forças possui dois lados: um positivo (Luz) e outro negativo (Trevas ou ausência de luz).

Eles formam os pares vibratórios da linha vertical, em que, em (+) está o polo positivo e em (–) está o polo magnético, já diferenciados.

Os polos positivos são o alto e os negativos são o "embaixo" dos pontos de forças. Mas nesse caso, a explicação é outra: o alto é irradiante, e o embaixo é absorvente.

O alto irradia, inundando todos os seres que vivem na "Luz", enquanto o embaixo absorve a irradiação de todos os que vivem nas trevas.

Mas isso apenas se aplica às esferas habitadas por espíritos humanos, já que nos pontos de forças outra é a realidade encontrada.

Neles, no lado positivo (de magnetismo positivo), encontramos seres naturais (nossos irmãos que não encarnam) atuando por intermédio da irradiação dos tronos naturais e movimentando processos energo-magnéticos positivos irradiantes.

Já no lado negativo (de magnetismo negativo), encontramos seres naturais (nossos irmãos que não encarnam) atuando por meio da proteção dos Tronos Cósmicos e movimentando processos energo-magnéticos negativos (absorventes).

São seres naturais hierarquicamente ligados aos Tronos Regentes dos polos e nenhuma ação é iniciada por eles. Só os Tronos iniciam ou ativam um processo energo-magnético irradiante ou absorvente.

Com isso, estamos dizendo que os seres encantados ou os seres naturais (nossos irmãos) não têm o livre-arbítrio ou o direito a iniciativas individuais.

Se alguém for à cachoeira e invocar Oxum, uma encantada dela o recepcionará e receberá tanto a oferenda (velas ou flores) quanto o pedido (solicitação de auxílio, bênçãos, curas, etc.) e se recolherá assim que ele se for. Então, levará o pedido ao Trono Oxum a qual está ligada, e aí sim, a encantada que recepcionou o adepto atuará no sentido de auxiliá-lo.

O mesmo procedimento ocorre quando o Exu Guardião do lado negativo do ponto de forças da Natureza (cachoeira) regido pelo Trono Celestial Oxum é solicitado por um fiel ou adepto dos orixás.

No instante em que o adepto chegar à cachoeira, todos os seus pensamentos, atos e palavras começarão a refletir na tela vibratória de Oxum, mas a ação só será ativada depois de tudo fluir nos níveis hierárquicos. Na Natureza, encantado algum assume nada. Tudo tem de refletir na tela planetária, fluir por meio dos Tronos hierarquizados. Somente assim uma resposta (atendimento aos pedidos de ajuda) virá naturalmente e contará com o respaldo do próprio orixá Natural (no caso, Oxum), que amparará a ação de suas encantadas o tempo todo e enquanto durar a resposta ao pedido. Isso é hierarquia, e assim se processam as coisas regidas pelos Tronos.

Nas dimensões naturais inexiste o livre-arbítrio e todos, naturalmente, procedem assim. Não acontece quebra de hierarquia e tampouco os procedimentos individuais; ou estão em acordo e respaldados por seus superiores, ou não ativam qualquer processo energo-magnético. Mas, se for ordenada ativação, então tudo fluirá naturalmente.

Assim entendido como as coisas acontecem nos domínios dos Orixás Naturais, comentemos os Tronos Negativos:

Se alguém solicitar, ritualmente, ajuda a alguma hierarquia negativa, e for atendido, não tenham dúvidas: poderoso processo energo-magnético será ativado e só será desativado quando o pedido for atendido ou quando acontecer de outra linha de forças interferir e desativar o processo ali ativado.

Esse ponto é de difícil compreensão a muitos médiuns ou consulentes das tendas de Umbanda. Por isso vamos dar um exemplo recorrendo a um caso fictício:

Uma mãe com vários filhos em tenra idade descobre que a pouca atenção que o marido dedica a ela e aos próprios filhos deve-se ao fato de que ele, o marido, tem uma amante.

Após muitas tristezas, mágoas e revolta, uma amiga a aconselha a ir até um terreiro, ou a um médium que realiza consultas individuais em sua própria casa.

A mãe traída revela-lhe seu problema, e o médium, após "ouvir" seu guia, caso não esteja incorporado, recomenda-lhe que vá a um ponto de forças e ative algum mistério cósmico (Exu ou Pombagira) afim com seu problema, ofereça um presente (oferenda ritual) e solicite ajuda para afastar a "intrusa" e reconduzir o marido ao lar.

Esse pedido será atendido sem nenhuma dificuldade, pois o Trono Cósmico, cumpridor por excelência da Lei Maior, não admite que um pai abandone os seus filhos à própria sorte, principalmente estando estes ainda inaptos para se sustentarem.

É certo que às vezes a própria mãe em questão foi a culpada por ele renegá-la a um segundo plano e preferir a companhia de outra, mas uma coisa não justifica a outra.

O Exu ou a Pombagira invocado recebe a oferenda, recolhe-se ao seu ponto de forças, e aí, bem... Aí começa a atuar para afastar a intrusa da vida do marido em questão, tentando reconduzi-lo ao convívio do lar.

A atuação começará sutil e tenderá a se intensificar, caso seja necessário, pois numa situação dessas são muitos os fatores emocionais ativados, tanto por ele quanto por sua amante. E a atuação dos Tronos Negativos é emocional por excelência.

Se os dois trabalham numa mesma empresa, um ou até os dois poderão perder o emprego, caso só assim deixem de se encontrar todos os dias…e saírem juntos ao fim do expediente.

Enfim, mil alternativas terá a entidade atuante para separá-los… e atender ao que lhe foi ordenado pelo Trono Negativo a que está hierarquicamente ligada. E recorrerá a todos eles, se necessário for.

Eles serão lançados no desemprego, na perturbação emocional (insônia, dores, etc.), ou até na perturbação mental, se somente esse recurso restar.

Atentem que, quando um Trono Regente ativa uma ação, ela só cessará quando concluir o que a ativou.

A intrusa também será atingida intensamente, caso isso seja necessário. Aí ela poderá solicitar (também ela pode fazê-lo, caso o marido em questão a tenha seduzido) uma reação em sentido contrário a outro Trono Cósmico, que vendo que a esposa traída era culpada pelo afastamento dele do próprio lar, e aí... Bem, quem lida com esses casos (pais e mães de santo) sabem como terminam.

Às vezes, mistérios cósmicos de diferentes finalidades entram em atritos contínuos no astral, até que o Alto ordene que cessem com as atuações.

Mas no final de tudo, um saldo positivo será visível aos olhos da Lei Maior: a intrusa, vítima de sedução, será cautelosa em suas futuras ligações amorosas e deixará de se envolver com homens casados; esse, após sofrer muito, se voltará para o Alto e clamará pelo auxílio de Deus, que o ajudará; a esposa traída cuidará muito melhor do seu marido ou do homem que o substituiu.

É certo que aqui simplificamos, e muito, tudo o que aconteceu. Mas essa é a regra geral nas atuações dos Tronos Negativos, que não se limitam só a esse caso a que recorremos como exemplo.

Os próprios orixás recorrem aos seus Tronos Cósmicos (negativos por excelência divina) para que atuem no sentido de acelerar a evolução de alguém, ou mesmo de retardá-la, caso quem esteja evoluindo muito rapidamente deixe para trás espíritos afins.

Foi por causa dessa recorrência dos orixás aos seus Tronos Cósmicos, que a divindade natural Exu serviu como arquétipo ideal para as linhas de esquerda do Ritual de Umbanda Sagrada.

Exu é apenas um, e seus encantados naturais são de uma só natureza: cósmica por excelência natural!

Exu, a divindade natural cultuada em solo africano, é único. Na Natureza, só Exu existe. Exu Cobra, Exu Caveira, Exu Tranca-Ruas, Exu Sete Portas, etc., etc., etc., são Tronos Cósmicos (negativos).

E o mesmo acontece com Pombagiras. Só existe um “tipo” de Pombagira, mas no Ritual de Umbanda Sagrada são centenas de nomes simbólicos que atuam.

Exu é polo magnético oposto complementar ao de Ogum. Essa é a verdade ainda não revelada.

– Ogum, no mito africano é guerreiro, mas também é agricultor;

– Oxum, no mito africano é esposa, mas também é amante.

As interpretações correntes desses dois mitos, as que temos conhecimento pelo menos, não atentam para a alegoria. Vamos explicá los:

– Ogum é sinônimo de poder e fertilidade;

– Oxum é sinônimo de concepção e maternidade;

– Exu é sinônimo de força e virilidade;

– Pombagira é sinônimo de desejo e sensualidade.

À luz dos mistérios, essa é a correta interpretação dessas quatro divindades naturais humanizadas em solo africano há vários milênios.

Exu e Pombagira foram humanizados na mesma época, mas em regiões distintas, e se expandiram com os povos que os cultuavam, e que os cultuam até hoje, numa África devastada e violentada pelo europeu e seus valores antinaturais.

Com o tempo, o poderoso Ogum assumiu feições marciais, pois uma de suas atribuições é a proteção dos mistérios da Natureza. Sua fertilidade fixou-se como a facilidade em obter fartas colheitas.

Com Oxum humanizada, seu mistério maior, o amparo da concepção e irradiação do amor matrimonial, foi sendo deturpado pela sobreposição de mitos e alegorias, e hoje é irreconhecível por meio dos mitos humanos criados em torno dela, a divindade humanizada.

Com Exu, protetor da virilidade e da força física, pois ele era uma divindade fálica (e o Exu "Exu", ainda é!), muitos outros mitos lhe foram sobrepostos. Por isso Exu é tão incompreendido pelos próprios filhos de santo do Candomblé ou da África ancestral.

Todas as civilizações pré-cristãs tinham em seus panteões as suas divindades ligadas à fertilidade e à fecundidade. Isso é história, e ponto final! Ocorreu o mesmo com "Pombagira", uma divindade estimuladora da sensualidade feminina, que torna a mulher diferente de todas as fêmeas das outras espécies não humanas.

Nas espécies inferiores, as fêmeas são abundantes na concepção (crias), mas não copulam por prazer e sim por estímulo do corpo biológico e do instinto de perpetuação da espécie. Já a fêmea humana, consciente das dificuldades da gestação, do parto e da maternidade, se não fossem portadoras do desejo que as estimulam a copular, e do sensualismo, que as induz a se mostrarem atraentes, certamente a espécie humana não teria crescido e se multiplicado tanto, a ponto de terem de inventar contraceptivos. Aí temos outro "X" natural:

(– +) Oxum – concepção e amor.

(+ +) Ogum – poder e fertilidade.

(– –) Pombagira – desejo e sensualismo.

(+ –) Exu – força e virilidade.

É certo que não foram os Orixás Naturais que se humanizaram (encarnaram) para concretizar, no plano material, tais mitos. Membros de suas hierarquias, voltados para a dimensão humana, foram conduzidos ao ciclo reencarnatório e humanizaram tais qualidades arquetípicas, tal como já explicamos com outros tronos.

É certo que o alto do Altíssimo oculta dos seres encarnados ou dos níveis vibratórios mais baixos da espiritualidade a elucidação dos mitos até que surja alguém apto a explicá-los "naturalmente" ao plano material, afinizando-os com uma época, quando a religião precisa deixar de se guiar por conceitos abstratos e concepções míticas.

A Umbanda precisa livrar-se dos mitos e dos seus intérpretes antinaturais ou abstracionistas que a estão afastando de suas atribuições principais: religar os espíritos com os regentes naturais (os Sagrados Orixás).

Nós somos defensores dos processos e procedimentos naturais. No Ritual de Umbanda Sagrada, a trindade é formada por Olorum (Deus), Oxalá (Filho) e Ifá (Espírito Santo), sendo que Ifá é o mistério das revelações, correspondente ao Espírito Santo cristão.

Isso está assentado no Ritual de Umbanda Sagrada mas infelizmente é pouco divulgado pelos pais e mães espirituais.

Orixá é mistério da Natureza, aberto a todos e não "pertence" a ninguém no plano material.

Orixá é mistério divino por excelência, e quem tentar afastá-los da Natureza, afastado dela será.

Orixá é Trono da Coroa Divina que se manifesta por meio da Natureza, o "corpo concreto de Olorum".

Só no concreto (Natureza) as essências divinas são encontradas. No abstrato, apenas concepções antinaturais se sustentam.

Bem, voltando ao "fio da meada", o fato é que a incorporação ao arquétipo "Exu" aos Tronos Cósmicos dos orixás no Ritual de Umbanda Sagrada foi ideal para as linhas de esquerda.

O Exu, Guardião do Mistério da Força e da Virilidade, quando chegou ao Brasil, já trazia em si tantas atribuições exclusivas dos Tronos Cósmicos, que logo se tornou o polarizador das incompletas teogonias que circulavam nas senzalas, onde os senhores misturavam etnias diferentes para impedir que os clãs tribais africanos aqui se refizessem.

Até nas ações negativas, tudo é pensado!

Assim, pouco a pouco, Exu tornou-se o polarizador natural de todos os Tronos Negativos, e se cada orixá possuía seu oposto cósmico, Exu era todos eles ao mesmo tempo.

Nunca, em toda a história religiosa da humanidade, algo semelhante havia ocorrido: em Exu, todos os Tronos Negativos se polarizaram e começaram a fluir por intermédio de seu arquétipo, que sobressaiu de maneira tão natural, que, quando o Ritual de Umbanda foi idealizado, ele "assumiu" naturalmente a esquerda.

Um Trono neutro por excelência assentou-se na esquerda do novo ritual. E todos os Tronos Negativos, pares opostos dos orixás, passaram a responder aos babalaôs e babás por meio de Exu.

Foi cômodo reunir tronos negativos, tão diversificados e incompreensíveis aos encarnados no mais humano dos Tronos neutros: Exu!

Cada Trono Regente de degrau dos orixás fechou seu polo negativo sob a égide de "Exu", o mais humano dos Tronos humanizados.

Afinal, a humanidade tem sete sentidos a estimulá-la, e o sétimo (Geração) é o mais assimilável, pois a hereditariedade cria laços mais fortes que a religiosidade.

Assim, Exu ficou sendo o arquétipo ideal por onde todos os Tronos Negativos fluíram, e assumiu com a Pombagira a esquerda do Ritual de Umbanda Sagrada.

Tronos Negativos dos mais diversos degraus passaram a responder como Exus, e foram facilmente assimilados pelos adeptos do culto aos orixás.

Para que se preocupar em estudar o Trono Negativo "Lodo", se, sendo ele conhecido como Exu do Lodo, falava por si mesmo sem nada dizer? Por que estudar o Trono Negativo "Sete Encruzilhadas", se Exu das Sete Encruzilhadas respondia a tudo?

Mistérios extremamente complexos e de difícil assimilação pelos espíritos adormecidos no corpo carnal foram incorporados com tanta facilidade, que os idealizadores do Ritual da Umbanda no astral ficaram surpresos.

Exu servia a todos os orixás. E ponto final!

Para que se preocupar com o detalhe de Exu atuar na purificação dos seres bestializados pela devassidão? Um Exu do Fogo solucionaria essa questão. Por que se preocupar se Exu estimula a fertilidade e o sétimo Trono Negativo da "Terra" a paralisa? Um Exu da Morte resolveria isso.

Com isso, hoje, sob o arquétipo de Exu e Pombagira, todos os Tronos Negativos (cósmicos) dos orixás fecham os polos esquerdos no Ritual de Umbanda.

– Temos um Caboclo Cobra Coral e um Exu Cobra Coral;

– Temos um Caboclo Sete Espadas e um Exu Sete Espadas;

– Temos um Caboclo Arranca-Toco e um Exu ArrancaToco;

– Temos um Caboclo Sete Flechas e um Exu Sete Pontas;

– Temos um Caboclo Sete Montanhas e um Exu Sete Montanhas;

– Temos um Caboclo Ventania e um Exu Ventania.

Observem que um Trono Cósmico possui sete níveis de atuação, e em cada um deles um "Exu Guardião" está assentado no Trono à esquerda de um degrau, que por sua vez possui sua hierarquia de ação e trabalhos.

Também possui degraus ocupados por Pombagiras que completam o equilíbrio magnético e fecham as linhas de forças que, em um nível específico, atraem tantos espíritos machos quanto fêmeas, formando pares vibratórios afins na execução de carmas, ou estimulando espíritos paralisados em níveis vibratórios e evolutivos muito baixos.

Um Trono Cósmico é sustentador energo-magnético de Tronos Negativos (degraus) que, chamados de "Exu", fecham por sua vez as linhas de forças positivas, criando com isso a condição ideal para que toda a escala evolutiva não sofra descontinuidade.

Assim, um Exu de primeiro nível, ao ascender em sua hierarquia, passa ao segundo nível, depois ao terceiro, e assim sucessivamente, até alcançar o grau de Exu de sétimo nível, ou Exu de sétimo grau cósmico, quando então assume a condição de hierarca e dá início à formação de seu próprio degrau, que manterá dupla correspondência: a primeira com o Trono Regente do degrau que o rege; a segunda com o Trono Cósmico regente de todos os seres assentados em sua hierarquia, afim com a do orixá do "alto" (+), mas de polaridade oposta, já que ele atua no negativo.

Assim explicado, que ninguém mais pense ou acredite que os Exus que acompanham os médiuns ou baixam nos trabalhos de esquerdas, são entidades "soltas" no astral.

A verdade é que eles estão ligados, na irradiação horizontal (direita-esquerda), com os Caboclos, que por sua vez estão ligados aos orixás e na vertical, aos Tronos Regentes dos degraus formadores da hierarquia negativa do Trono Cósmico, oposto complementar do orixá assentado no polo positivo da sua irradiação.

Queremos fechar esse comentário dizendo que, na aparência, Exu é agente punidor, mas, na verdade, ou ele atua como agente esgotador de negativismo localizado, ou como criador de estímulos negativos que ativam o emocional humano, induzindo o ser a mover-se em busca do "alto", entre tantas outras atribuições.

Exu o atrai, esgota-o emocionalmente e agrega-o à sua falange, na qual terá oportunidade de servir a uma das finalidades da Lei nas Trevas: redirecionar espíritos que estão caindo (regredindo).

Se seus processos são negativos (violentos), não devemos esquecer de que eles lidam com espíritos que formam a "escória" das Trevas.

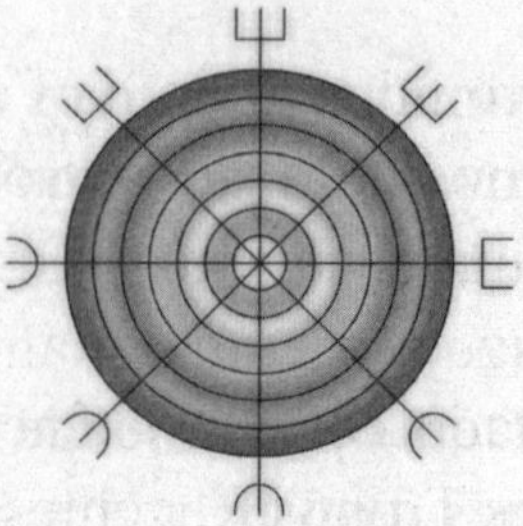

Exu

Com a permissão e a inspiração do Sagrado Mehór yê

Muito já foi escrito sobre Exu; no entanto, tudo o que escreveram está baseado unicamente no que vislumbraram em um orixá "humanizado", justamente para amparar os "seus" que haviam sido conduzidos ao ciclo reencarnacionista humano.

O fato é que, nas lendas africanas, Exu aparece como um enjeitado que todos temem, segregam, despacham, mas a ele recorrem sempre que se encontram em dificuldades.

Nos estágios da evolução, há toda uma vertente (faixa) cósmica que desemboca numa dimensão bipolar (masculino e feminino), para a qual são conduzidos os seres que desenvolveram um magnetismo atrator.

Esses seres encantados não conseguiram desenvolver seus polos mentais irradiantes e, ao invés de se tornarem luminosos, tornaram-se opacos ou monocromáticos. A textura cristalina (plasma) que envolve seus corpos energéticos densifica-se e lhes dá uma aparência semelhante a dos espíritos humanos encarnados. Uns desenvolveram o magnetismo negativo no sentido da Fé, outros no do Conhecimento, outros no da Razão, outros no da Concepção, outros no da Geração, outros no da Ordem, e outros no da Evolução.

Temos comentado com insistência que: sete são as essências, sete são os Tronos Regentes do todo planetário; sete são as linhas de forças, sete são os sentidos da Vida, sete são os Orixás Ancestrais, e sete são as linhas de Umbanda, já bipolarizadas.

Então temos isto:

Linha	Orixá Positivo	Orixá Negativo
Cristalina	Oxalá	Logunãn-Tempo(Logunan)
Mineral	Oxum	Oxumaré
Vegetal	Oxóssi	Obá
Ígnea	Xangô	Iansã
Eólica	Ogum	Oroiná
Telúrica	Obaluaiê	Nanã Buruquê
Aquática	Iemanjá	Omolu

Entre os polos positivo e negativo de uma irradiação divina está toda uma linha de forças que possui muitos níveis vibratórios, onde estão assentados orixás. Temos orixás positivos e negativos. Os primeiros são irradiantes e os outros, absorventes, tudo porque os magnetismos são opostos (+ –).

Um Ogum de Lei é irradiante, mas seu par oposto na mesma linha é atrativo.

Ogum de Lei irradia “ordem” o tempo todo, mas seu par oposto atrai os seres desequilibrados no quinto sentido da Vida (Lei) e os ampara até que despertem toda uma consciência e possam desenvolver seus polos positivos (irradiantes).

Quanto tempo dura esse reequilíbrio consciencial não importa, mas que ele acontece, isto é certo.

O Divino Criador, generoso por excelência, conduz para o ciclo reencarnacionista todos os seres naturais que se conscientizam sobre seus estados, mas que não conseguem desenvolver seus magnetismos positivos (irradiantes).

Muitas divindades cósmicas foram "humanizadas" para ampararem seus afins conduzidos ao ciclo reencarnacionista.

No panteão nigeriano, encontramos várias divindades cósmicas (Omolu, Oxumaré, Logunan, Nanã Buruquê, etc.), que no decorrer dos milênios humanizaram alguns de seus manifestadores responsáveis pelo amparo dos seres paralisados em seus polos negativos.

Se em Oxalá está o polo positivo da Fé, em seu par -oposto-complementar está o polo negativo, que atrai os "descrentes". Ele não pune a ninguém, apenas os atrai, pois seu poderoso magnetismo atrativo existe justamente para atraí-los e retê-los em algum dos níveis negativos de sua linha cósmica, até que desenvolvam seus polos positivos e se reequilibrem magnética e energeticamente, quando serão conduzidos a uma dimensão bipolar onde despertarão por completo suas consciências, adormecendo seus instintos naturais básicos.

Essas dimensões regidas pelos orixás Senhores das Evoluções, são chamadas de dimensões "X" quando são cósmicas.

Existem sete dessas dimensões cósmicas para o quarto estágio da evolução, onde os seres naturais desenvolverão totalmente a consciência.

Um mesmo tanto de dimensões universais, ou positivas, ou luminosas, ou irradiantes, ou multicoloridas também existe.

E é dessas dimensões que os orixás regentes retiram os orixás individuais que guiarão, conscientemente, os médiuns de Umbanda.

Esses orixás individuais, plenos consciencialmente, amparam os médiuns até o instante em que deixam o plano material para trás (morte física).

Por isso, os sacerdotes africanos ensinam que quando é chegado o momento da passagem, os orixás "abandonam" seus filhos. Mas isso não reflete toda a verdade.

Apenas o orixá individual recolhe-se para que seu poderoso magnetismo mental seja desligado do mental do médium que ele sustentou durante anos a fio e o médium seja conduzido a um nível vibratório afim com seu próprio magnetismo mental (nível consciencial).

Mas isso ocorre só em nível de orixá individual, certo?

Bem, o fato é que os médiuns também recebem no momento do nascimento para a carne, um orixá Exu individual de natureza e formação cósmica, magneticamente negativo, que é um ser cujo magnetismo é atrativo.

Como existem sete dimensões (cósmicas) negativas para o quarto estágio natural (não encarnacionista), então de uma delas virá seu orixá Exu individual cósmico cujo magnetismo negativo se contraporá ao do orixá individual positivo, e assim formará uma linha energo-magnética equilibrada em cujo centro estará o médium.

Dependendo do magnetismo (grau de consciência) que o médium desenvolver, tanto poderá ascender quanto descer vibratoriamente após seu desencarne. Se ascender, irá para alguma faixa luminosa e multicolorida. Se descer, irá para alguma faixa sem luz e cor.

O fato é que o orixá individual positivo é identificado logo como uma Oxum, um Ogum, uma Iemanjá, um Oxóssi, um Oxalá, um Xangô, uma Iansã, etc. Mas o orixá Exu individual cósmico ou negativo que está no outro polo formando a linha de equilíbrio (direita-esquerda), dificilmente é identificado como realmente ele é, e só se apresenta se o médium estiver diante de um verdadeiro Babolorixá ou Yalorixá, reconhecido como tal pelos orixás cósmicos. E estes orixás Exus individuais cósmicos, arredios por natureza e formação, olham isto assim que seus protegidos na carne entram em algum templo de Umbanda ou Candomblé. Saibam que poucos são realmente sacerdotes, tanto na Umbanda quanto no Candomblé. Pouquíssimos mesmo. E só a estes os Exus Guardiões do polo negativo se mostram, pois reconhecem neles mediadores dignos de conhecê-los e de assentá-los à esquerda de seus médiuns.

Quando não reconhecem o iniciador de seus protegidos na carne como um verdadeiro sacerdote, então quem se mostra e se apresenta é a esquerda espiritual do médium, que chamamos de Exu ou Pombagira de trabalho, que são os polos negativos de guias de frente (Caboclos e Caboclas, Pretos e Pretas-Velhas).

Mas quando identificam um verdadeiro "pai de santo", aí se tornam impacientes e exigem primazia no tratamento e assentamento. Mas se assim ocorre, não é por outra razão senão a de, finalmente, poderem "humanizar-se" ou fixar-se na dimensão humana, onde terão acesso ao lado negativo dos pontos de forças da Natureza, onde seres naturais afins vivem e servem os orixás bipolares.

Assim, assentados no plano material, se um filho de Oxóssi, (e que tem um Exu Vegetal), for até o mar, este o acompanhará e tratará, muito rapidamente, de estabelecer uma ligação com algum natural cósmico da linha d'água, que o apresentará ao seu regente aquático. E o que o apresentou ao ser regente aquático será apresentado ao regente vegetal do recém-chegado ao plano "espírito-matéria", ou dimensão humana.

Essas ligações são importantes para eles, pois abrem novos campos de ação e estabelecem ligações que facilitarão seus futuros trabalhos de natureza espiritual, e também poderão ser requisitados pelo orixá Exu guardião do lado negativo do ponto de forças que se abriu para eles.

Todos os orixás Exus individuais procedem assim logo que são assentados! É de sua natureza e formação abrirem novos campos nos quais poderão atuar como mediadores "ativos" dos orixás cósmicos guardiões dos lados negativos dos pontos de forças da Natureza.

Se são prestativos, no entanto não são tolos, pois caso o médium fracasse e após o desencarne venha a descer, eles, ao invés de descerem junto ou retornarem às suas dimensões de origem, colocam-se à disposição dos guardiões cósmicos dos pontos de forças naturais, e aí permanecem com uma "porta aberta" para a dimensão humana, que se não é a melhor, para eles, no entanto, é muito mais atraente que as dimensões cósmicas onde viviam, que são opacas (sem luz e cor), enquanto a dimensão humana é colorida e farta em recursos energéticos facilmente assimiláveis por eles, os orixás Exus cósmicos individuais.

Todos esses orixás cósmicos individuais são Exus ou Pombagiras?

Não!, respondemos nós.

Apenas que, se por uma convenção humana toda a esquerda responde pelo nome de Exu ou Pombagira, então assumem a designação de Exu "isto", Pombagira "aquilo", etc. No "isto" ou "aquilo" está a identificação de qual é o guardião cósmico que o rege desde a dimensão onde evoluía antes de ser conduzido à esquerda de um mediador encarnado.

Um verdadeiro Exu "Caveira" não é um Exu na acepção da palavra, mas sim, é um ser natural de Omolu que está se "humanizando". E quando surgir uma oportunidade para ele, com certeza aceitará entrar no ciclo reencarnacionista, onde se humanizará definitivamente.

Omolu é um orixá que "humanizou-se" dezenas de milênios atrás, ainda em outra era da humanidade. E até hoje continua ativo e atuante na dimensão humana da vida, onde milhões de seres se espiritualizaram e evoluíram, ou estão evoluindo, como espíritos humanos "filhos" do orixá Omolu.

O mesmo tem ocorrido com os seres naturais cósmicos "individualizados" ou que tiveram suas consciências despertadas.

Temos filhos de Oxum, filhos de Xangô, filhos de Oxóssi, etc., etc., etc.

Mas nem todos seguiram esse processo, pois a grande maioria adentrou no ciclo reencarnacionista de forma inconsciente após superarem seu terceiro estágio da evolução. E foram contingentes numerosos que, em uma corrente contínua, foram sendo humanizados, até que todo um nível ou faixa vibratória positivo ou negativo de uma linha de forças fosse esvaziado, quando então, o próprio orixá responsável pelo nível encarnou e fundou um culto religioso, no qual a divindade cultuada era o orixá regente da linha de forças em que ele ocupava um nível. É certo que no passado e em outras culturas e povos não tinham o nome de "orixá", mas sim "deuses ou divindades".

Lembrem-se de que o termo "orixá" era exclusivo de apenas um dos povos africanos, e de recente fixação como sinônimo de divindade. Se hoje assumiu uma maior abrangência, é porque a própria época facilitou isso. Se forem até a China, verão que esse termo é desconhecido dos chineses, ainda que eles cultuem divindades naturais análogas aos orixás africanos.

Bem, vocês já têm uma noção do que são os orixás cósmicos individuais, certo?

Também já sabem que o termo Exu é genérico e abrange orixás cósmicos individuais nem um pouco afins entre si, certo?

Já sabem de onde vêm os nossos irmãos cósmicos (dimensões cósmicas e em seu quarto estágio da evolução), certo?

Já sabem que são prestativos e interesseiros. E já sabem porque, certo?

Bom, como já sabem tudo isto, pois fomos bastante didáticos, então vamos revelar-lhes que há cerca de 4.800 anos todo um nível cósmico da linha de forças regida pelo celestial Ogum foi direcionado para a dimensão humana, e todos os seres naturais cósmicos que nele viviam adentraram no ciclo reencarnacionista, ou estágio humano da evolução.

Encarnaram ao mesmo tempo (uns 300 anos) por todo o planeta em meio às mais diversas culturas e religiões, diluindo-se na grande corrente reencarnacionista humana.

Em várias partes também encarnaram os orixás regentes desse nível cósmico de Ogum, e muitos cultos fundamentados na "fertilidade" foram iniciados no plano material.

Todos eram sustentados por divindades agrárias ou fálicas. As agrárias eram regidas pelo polo positivo (Ogum) e as fálicas eram regidas por uma divindade cósmica que aqui o denominamos por Mehór yê, Senhor da Potência e da Virilidade.

Numa determinada região da África, surgiu posteriormente o orixá Exu, Guardião Simbólico da Sexualidade Masculina.

O falo simbólico ostentado pelos verdadeiros manifestadores naturais de Exu, é de fato revelador de que Exu é regente da sexualidade humana em seu polo negativo e portador de uma vigorosa potência, ou de um poderoso mistério ligado à sexualidade masculina.

Pela mesma época, todo um nível cósmico (negativo) da linha da concepção (regida pela orixá Oxum) também foi esvaziado, e as naturais cósmicas que ali viviam foram conduzidas ao ciclo reencarnacionista humano, formando o polo feminino complementar do masculino, que também estava encarnando. E, fechando uma linha bipolar, surgiu o Exu viril e a Pombagira sensual, tudo coordenado tanto pelo alto (polo positivo), quanto pelo embaixo (polo negativo) das linhas de forças.

Com o tempo, esses dois polos se fixaram no plano material tão naturalmente, que se tornaram arquétipos humanos de divindades cósmicas. E aí, hoje, temos eles a identificar todos os exus naturais cósmicos individualizados atuando à esquerda dos médiuns.

O natural Exu incorporou ao seu polo quase todos os outros naturais, e que hoje se apresentam como Exu "isto" ou "aquilo", dizendo que é um Exu deste ou daquele orixá. E o mesmo aconteceu em solo brasileiro com a natural e verdadeira Pombagira. De apenas uma natural de Oxum, ela incorporou todas as naturais cósmicas dos outros orixás.

Coisas dos "mistérios", não?

O fato é que o Ritual de Umbanda Sagrada, quando de sua idealização astral, optou pelos arquétipos Exu e Pombagira como ideais para ocuparem o polo negativo dos médiuns que, por meio deles, se tornariam intermediadores entre os humanos e os orixás. E temos centenas de hierarquias negativas formadas por espíritos humanos que se paralisaram em seus polos magnéticos negativos, mas aceitam responder por nomes de Exu "isto" ou Exu "aquilo", pois só assim poderão retornar ao convívio com o meio humano, já que dele haviam se afastado e estavam vivendo num meio "desumano" (inferno consciencial). Esses Exus humanos são tão prestativos e interesseiros quanto os Exus naturais cósmicos, e têm sustentado o trabalho de milhões de médiuns umbandistas, atuando a partir de suas "esquerdas".

Bem, aqui fomos didáticos, cautelosos e verdadeiros ao abordarmos os polêmicos "Exu e Pombagira" da Umbanda.

Meditem sobre tudo o que revelamos. Muitos dos ensinamentos fixados no plano material carecem de fundamentos mais precisos ou são pura criação mental de mentes humanas privilegiadas.

Aqueles que ensinam que "Exu" é o Senhor das Formas, ou a Voz do Verbo Divino, com certeza desconhecem Deus, o único Senhor das Formas, das Naturezas, das Essências, dos Seres, da Criação e do Verbo Divino.